錢穆先生全集

錢穆先生全集

［新校本］

讀史隨劄

九州出版社

圖書在版編目（CIP）數據

讀史隨劄 / 錢穆著 . -- 北京：九州出版社，2011.1（2024.4 重印）
（錢穆先生全集）
ISBN 978-7-5108-0929-3

Ⅰ.①讀… Ⅱ.①錢… Ⅲ.①史評－中國－古代－文集 Ⅳ.①K220.7-53

中國版本圖書館 CIP 數據核字（2011）第 061829 號

讀史隨劄

作　　者　錢　穆　著
責任編輯　周弘博　周敏浩
出版發行　九州出版社
裝幀設計　陸智昌　張萬興
地　　址　北京市西城區阜外大街甲 35 號
郵　　編　100037
發行電話　（010）68992190/3/5/6
網　　址　www.jiuzhoupress.com
印　　刷　三河市東方印刷有限公司
開　　本　635 毫米 ×970 毫米　16 開
插頁印張　0.5
印　　張　11.25
字　　數　132 千字
版　　次　2011 年 7 月第 1 版
印　　次　2024 年 4 月第 3 次印刷
書　　號　ISBN 978-7-5108-0929-3
定　　價　46.00 元

錢穆先生

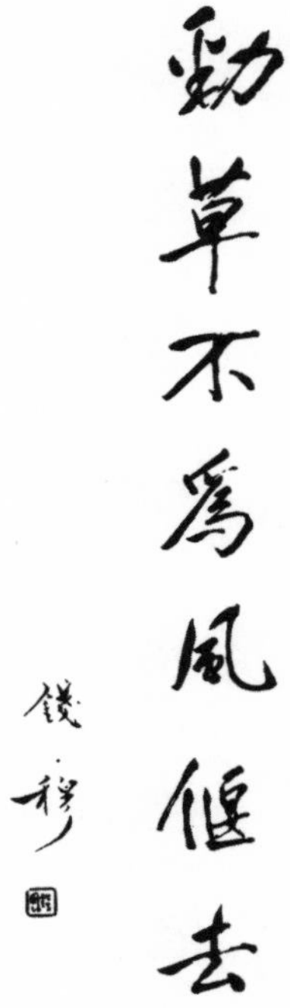

錢穆先生書法

新校本說明

錢穆先生全集，在臺灣經由錢賓四先生全集編輯委員會整理編輯而成，臺灣聯經出版事業公司一九九八年以「錢賓四先生全集」為題出版。作為海峽兩岸出版交流中心籌劃引進的重要項目，這次出版，對原版本進行了重排新校，訂正文中體例、格式、標號、文字等方面存在的疏誤。至於錢穆先生全集的內容以及錢賓四先生全集編輯委員會的注解說明等，新校本保留原貌。

九州出版社

出版說明

民國二十八夏至二十九年夏，錢賓四先生自昆明返蘇州，隱名奉母者一年。愛日之暇，撰成史記地名考一書。書既成，乃辭母重返後方，應成都齊魯大學國學研究所之聘。翌年春，太夫人病逝，先生不獲回籍奔喪。哀痛之餘，乃將其書齋由「未學齋」易名為「思親彊學室」，以為紀念。隨後以「思親彊學室讀書記」為題作讀史劄記若干篇。先生原擬將此類著述攟綴為一集，嗣以國事臲卼無已，轉徙南北，前後文稿散在各處，未易搜求，故迄未成編。晚年定居臺北，猶時時以此為念。嘗手訂一擬收目錄，並改題其書名曰「讀史隨劄」。但依然以搜羅不全，未能付梓。延宕既久，值他書印行，轉有將原擬篇章編入其他著作者。

今先生既歸道山，本會整理先生遺稿，謹據其原訂篇目，盡力搜集，共得三十五篇。其中唐人服食修煉、唐人飲茶兩篇，當為未成文稿。記唐文人干謁之風、記唐代文人之潤筆兩篇，已先編入中國文學論叢，今自該書抽出，移編本書。又甲編中國學術思想史論叢第二冊（四）隋唐五代之部，有讀王通中說一文，自第一頁篇首「文中子王通」起，至第七頁「可證通之必有其人矣」止，論王通其人一大段，本亦為隨劄原編中之一篇，題為「王通」。今以此篇已經擴充增寫，仍保留在甲編論叢之中，不再收載於此書。

先生此類文稿，仍有搜求未盡者，然得此一編，已屬不易。今謹以先生生前所定之名命編，雖不足以謂完成先生未了之願，儻亦聊堪告慰其在天之靈於萬一乎？先生未留書序，今以民國三十年所作思親彊學室讀書記序權為代序。本書既編成於先生身後，因略述其始末，以告讀者。

本書各篇，多就原稿整理；其有先發表於雜誌期刊者，皆注明於各篇篇後。整理工作雖力求慎重，然疏漏錯誤之處，在所難免，敬希讀者不吝指正。

本書由錢行先生負責整理。

錢賓四先生全集編輯委員會　謹識

目次

代序——思親彊學室讀書記序

穆早孤失學，年十八即為童蒙師，不自意以姓名稍稍見知於世。自任教國立北京大學，居北平，署其讀書之室曰未學齋。論語曰：「賢賢易色，事父母能竭其力，事君能致其身，與朋友交言而有信。雖曰未學，我必謂之學矣。」自慚未能事父，而事母亦未能盡力，因署吾室曰「未學」，非謙也。既以道其實，亦欲於此數者自勉爾。今年春，先慈棄養，不肖長為天地間無父母人矣。雖欲以未學嗚謙，亦復無此福佑。自今以往，吾其以思親畢我之餘生乎？旬月以來，既不獲奔喪回籍，又不克成禮盡哀，飲泣野哭，茹痛無地，計惟有勉力彊於學，雖不足以報深恩於萬一，亦姑以寄孤兒荼蘗之心。繼自今當署吾室曰思親彊學之室。他日稍有成就，萬有一可以傳世者，當編四十七歲以前諸作為「未學集」，四十七歲以下為「彊學集」。此則日課所得，姑備遺忘，以資他日著書之採摭耳。

民國三十年三月思親室主人自記

（民國三十年四月責善半月刊二卷一期）

春秋車戰不隨徒卒考

周官乃戰國晚出書，不可為典要。後儒不察，每以周官說左氏，遂多扞格。清儒劉光蕡古愚煙霞草堂集有春秋車戰篇，謂：

古用車戰，余竊疑之。一車甲士僅三人，步卒七十二人，炊家子二十五人。為一車百人，僅用三人為戰，而此七十二人皆空車隨後乎？竊謂自古即以步卒戰，七十二人以三甲士率之，每人率二十四人；戰時此三人仍乘車，金鼓旗幟均在車中，以指揮七十二人進戰；而此七十二人不能全聚於車前，必分列於車之前後左右，不能一時並戰。

劉氏之說如此。不知一車步卒七十二人，此出周官，於左氏無證也。今劉氏不疑周官，而轉疑左氏，可為無識矣。

考左傳成二年，齊、晉鞌之戰：

晉解張御郤克，鄭丘緩為右。緩曰：「自始合，苟有險，余必下推車。」

若一車有步卒七十二人，郤克乃晉軍主帥，戰事雖急，豈有七十二人盡逃散不在之理；又何致每有險必其右自下推車乎？

邴夏御齊侯，逢丑父為右。將及華泉，驂絓於木而止。丑父先寢於轏中，蛇出於其下，以肱擊之，傷而匿之，故不能推車而及。

齊侯乃一國之君，驂馬絓於木，其右傷肱，力不能推車出險，遂為晉師所及。若果有隨車七十二徒卒，亦何必煩車右一人之力乎？

丑父與齊君先已易位，丑父偽使齊侯下，如華泉取飲，齊侯遂免。

亦徵無隨車徒卒，否則取飲不必使車上人，車後步卒七十二，豈乏奔走乎？又桓三年：

曲沃武公逐翼侯，以驂絓卒見獲。

僖十五年：

秦晉戰於韓，晉侯以戎馬還濘見獲。

皆不似車後有隨。

又成十六年，晉楚戰於鄢陵：

楚子登巢車，以望晉軍。伯州犁侍。王曰：「皆乘矣，左右執兵而下矣。」曰：「聽誓也。」「乘而左右皆下矣。」曰：「戰禱也。」

則戰士皆乘車，未見有徒卒也。

步毅御晉厲公，欒鍼為右。陷於淖，欒書將載晉侯。鍼曰：「書退！國有大任，焉得專之？且侵官，冒也；失官，慢也；離局，姦也。」乃掀公以出於淖。

是舉晉侯車出淖中者，乃其車右，不見有隨車徒步七十二人之奮一臂力者，又何也？

宣十二年，晉、楚戰於邲：

> 楚子乘左廣以逐趙旃。趙旃棄車走林，楚子之右屈蕩搏之，得其甲裳。

若隨車有七十二徒步，左廣十五乘，步卒逾千，趙旃棄車入林，乃必待王車之右親下搏之乎？

又宣二年，宋鄭戰於大棘：

> 宋師敗績。囚華元，獲樂呂，及甲車四百六十乘，俘二百五十人，馘百人。

是役也，華元為帥，樂呂為御，而皆獲焉，其敗蓋甚。然鄭得甲車四百六十，而俘馘之數僅三百五十焉。若每車隨卒七十二，則甲車四百六十，當得步卒三萬餘，虜戮必多，何僅此數乎？僖二十八：

> 晉獻楚俘於王，駟介百乘，徒兵千。

此謂獻四馬被甲之戰車百乘，徒手執兵者千人也。蓋所俘亦車上之門士，非隨車之步兵也。

或曰：宣十二年，晉楚戰於邲：「楚王乘左廣逐趙旃。晉人使軘車逆之。潘黨望其塵，使騁而告，曰：『晉師至矣！』楚人亦懼王之入晉軍也，遂出陳。孫叔敖曰：『進之！寧我薄人，無人薄我。』遂疾進師，車馳卒奔，乘晉軍。」豈非車乘有卒徒從進之明證乎？曰：是不然。此稱「卒」，戰士也。如曰「若敖之六卒」（僖二十八），曰「王卒以舊」（成十六），曰「廣有一卒」（本年），此皆楚之王族貴冑，而豈車後步卒之謂乎？所謂「車馳卒奔」者，猶其云「投袂而起，屨及於窒皇，劍及於寢門之外，車及於蒲胥之市」（宣十四年）也。蓋楚師出陳，猶未盡登，孫叔敖驟而進之，故有戰士隨逐隨乘者，非以卒為徒兵之逐車後者也。

然謂春秋之時遂無徒兵乎？曰，是亦不然。凡有徒兵，左氏必明言之。其制蓋始於鄭。隱四年：

> 諸侯之師敗鄭徒兵。

是徒兵之最早見者。隱九年：

> 北戎侵鄭。鄭伯禦之，患戎師，曰：「彼徒我車，懼其侵軼我也。」

則戎人乃徒兵不以車戰，若諸夏之制，一車有步卒七十二人，又何謂「彼徒我車，懼其侵軼我」乎？是足證車後之無徒矣。又襄元年：

諸侯伐鄭，敗其徒兵於洧上。

此亦特言徒兵，明不與車乘相雜。又昭二十年：

鄭子太叔興徒兵以攻萑苻之盜。

此亦徒兵不雜車乘也。何？鄭地狹，故徒兵興焉。曰：然則春秋之世，凡車乘徒步，必各不相雜乎？曰：是又不然。昭元年：

晉中行穆子敗無終及羣狄於太原，將戰，魏舒曰：「彼徒我車，所遇又阨，以什共車，必克。困諸阨，又克。請皆卒，自我始。」乃毁車以為行，五乘為三伍。荀吳之嬖人不肯即卒，斬以徇。

是魏舒始建議以十步卒隨戰車，晉人既以克戎而戎敗入阨，戰車終不便，魏舒乃又請全毀車乘為卒行，一車三甲士，故五乘為三伍。若先有七十二卒隨車後，一車已得伍十四而餘矣，何煩以什共車，又何煩毀車為行，復益此五乘而三伍為乎？

然毀車為行，其法亦非始於是。僖二十八年：

> 晉侯作三行以禦狄，荀林父將中行，屠擊將右行，先蔑將左行。

此亦徒兵，故稱「行」。何？亦專以禦狄，乃一時之制，後不復存，故至穆子時而重為之也。昭二十一年：

> 宋華貙以車十五乘、徒七十人犯師而出。

此又車徒相雜之一例。故知春秋之世，車戰其常，徒兵其變；車徒相雜，又其偶一有之之事。左傳文極明備，而後人必牽引周官、司馬法妄相比附，故輾轉不得其眞耳。

曰：然則方春秋時，車乘出征，遂無徒人乎？曰：又不然。淮南兵略訓有「尉官」。僖二十八年，晉楚戰於城濮，晉侯聽輿人之謀。「輿人」者，車中之廝，役輜重，出自農民，職非鬬士。襄三十年，晉廢絳之輿尉。此「輿尉」主役不主軍之證也。又僖十年，晉殺其七輿大夫，左行某，右行某等。「輿大夫」稱「行」，以「行」乃徒人不備車乘也。

隱十一年：

鄭伯使卒出豭，行出犬、雞，以詛射潁考叔者。

「卒」指戰士，「行」指輿人役徒，以俱在軍中，故使俱詛也。桓十二年：

楚伐絞，屈瑕曰：「請無扞采樵者以誘之。」絞人爭出，驅楚役徒，楚人覆之。

「役徒」即輿人也。僖四年：

申侯見齊侯曰：「師老矣，若出於陳、鄭之間，共其資糧、扉屨，其可也。」

以軍中有輿人，故共扉屨焉。僖二十五：

秦、晉伐鄀。秦人過析隈，入而繫輿人，以圍商密。

是輿人非正式軍隊之證。輿人之車亦曰「輿」，蓋非戰車之類也。僖二十八年，城濮之戰：

欒枝使輿曳柴而偽遁。

戰車實未動也。襄十八年，齊、晉戰於平陰：

晉人使乘車者左實右偽，以旆先，輿曳柴而從之。

此亦「車」、「輿」不同之證也。

曰：然則春秋之步隊作戰，其皆以禦戎狄而興乎？曰，是又不然。成十七：

晉胥童、夷羊五帥甲八百，將攻郤氏。

此以逼在城市，故不以車而用甲士。是一變例也。襄三年：

楚子重伐吳，為簡之師。克鳩兹，至於衡山。使鄧廖帥組甲三百，被練三千以侵吳。吳人要而擊之，獲鄧廖。其能免者，組甲八十、被練三百而已。

此在江、淮之間，丘陵沼澤，不便車乘之驅騁，故子重特為簡選之新軍以徒步而被組練之甲。是又一變例也。襄十年，晉及諸侯之師圍偪陽：

偪陽人啟門，諸侯之士門焉。縣門發，郰人紇抉之，以出門者。狄虒彌建大車之輪，而蒙之以甲，以為櫓。左執之，右拔戟，以成一隊。主人縣布，秦堇父登之，及堞而絕之。隊，則又縣之。蘇而復上者三，主人辭焉，乃退。

荀罃曰：「偪陽城小而固。」其時中原諸夏蓋多有堅築城闕以備守禦者，而車乘失其用。此又一變例也。然其歸也，「孟獻子以秦堇父為車右」，是車戰之制固未廢。襄十七年，齊伐魯：

郰叔紇、臧疇、臧賈帥甲三百，宵犯齊師。

襄二十三年，齊襲莒：

杞殖、華還載甲夜入且于之隧。

此皆用甲士，為變例。又昭二十三年吳、楚戰於雞父：

吳以罪人三千先犯胡、沈與陳。吳之罪人或奔或止，三國亂，吳師擊之，三國敗。

罪人三千，雖非訓卒，固已是大隊之徒兵矣。定四年，吳楚戰於柏舉：

夫槩王以其屬五千先擊子常之卒。子常之卒奔，楚師亂，吳師大敗之。史皇以其乘廣死。

是又以大隊徒兵相鬬而復雜用戰車也。定五年，秦師五百乘救楚：

吳人獲薳射於柏舉，其子帥奔徒以從子西，敗吳師於軍祥。

是又車徒雜鬬之一例。此皆吳、楚相爭，地形與中原不同，故其軍伍之裝備先變。哀元年：

吳入越。越子以甲楯五千保於會稽。

是越人亦以徒兵，無車乘也。定十年：

晉圍衛，邯鄲午以徒七十人門衛之西門，涉佗亦以徒七十人門焉。

哀二年，晉、鄭戰於鐵：

公孫尨以徒五百人宵攻鄭師。

哀八年，吳伐魯：

微虎欲宵攻王舍，私屬徒七百人。

哀十一年，齊伐魯：

季氏之甲七千，冉有以武城人三百為己徒卒。

又：

吳與齊戰於艾陵，大敗齊師，獲其革車八百乘，甲首三千。

是知雖春秋晚世，中原戰役，仍自以車戰為主，而時有徒步精兵，或以攻堅，或以夜襲，出奇制勝，要與「車後七十二步卒」之說渺不相涉也。

（民國三十六年四月八日民意日報文史第三十期）

東漢人之養生率性論

學術思想有開必先，桓譚新論形神篇謂：

余嘗過故陳令同郡杜房，見其讀老子書，言：「老子用恬惔養性，致壽數百歲，今行其道，寧能延年卻老乎？」余應之曰：「愛養適用之，直差愈耳。精神居形體，猶火之燃燭矣。」（見弘明集卷五。）

是則西漢季世已頗多修道卻老之士，君山形神之喻，即王充論衡之前茅，而兩晉「神不滅」之辨亦多本之，其謂「愛養適用之差愈」，即嵇叔夜養生論大意也。又其書有與劉子駿辨方士養生及土龍求雨等，皆為論衡導先路。而朱穆崇厚論謂：

夫道者，以天下為一，在彼猶在己也。故行違於道則媿生於心，非畏義也；事違於理即負結於意，非憚禮也。故率性而行謂之道，得其天性謂之德。德性失然後貴仁義，是以仁義起而道德遷，禮法興而淳樸散。故道德以仁義為薄，淳樸以禮法為賊也。（後書卷四十三朱穆傳）

朱穆當順帝時，然其議論顯為魏晉先聲矣。袁山松書云：

> 穆著論甚美，蔡邕嘗至其家自寫之。

邕乃朱穆弟子，尊好其師說，是又一枕中之祕也。范曄謂：

> 朱穆見比周傷義，偏黨毀俗，志抑朋游之私，遂著絶交之論。蔡邕以為穆貞而孤，又作正交而廣其致焉。

今按：劉梁疾世多利交，以邪曲相黨，而造破羣論，覽者以為「仲尼作春秋，亂臣知懼，今此論之作，俗士豈不愧心」。惜其文不傳，是又一朱穆之絶交也。阮籍諸父阮武字文業，御覽卷四百〇六引其正論，謂：

交游者，儔黨結於家，威權傾其國。或以利厚而比，或以名高相求，同則譽廣，異則毀深。朝有兩端之議，家有不協之論，至令父子不同好，兄弟異交友，破和穆之道，長諍訟之源。

是又一朱穆之絶交也。則無怪乎嵇生之以絶交喪身矣。

道家「養生率性」之論，其流則為「樂志」。仲長統有樂志論，欲「逍遥一世之上，睥睨天地之間」，即已有阮嗣宗「大人先生」之致。葉水心謂：「其詩二篇，放棄規檢，以適己情，自是風雅壞而建安、黄初之體出」，是也。余考唱為樂志之説者，其先尚有馬融。其言曰：

古人有言，左手據天下之圖，右手刎其喉，愚夫不為。所以然者，生貴於天下也。今以曲俗咫尺之羞，滅無貲之軀，殆非老莊所謂也。

又其對安帝曰：

夫樂而不荒，憂而不困，先王所以平和府藏，頤養精神，致之無疆。

融稱大儒，然「善鼓琴，好吹笛，達生任性，不拘儒者之節。居宇器服，多存侈飾。常坐高堂，施絳紗帳，前授生徒，後列女樂」。先附梁氏，後忤旨，遂為梁冀劾其貪濁，則其操行之汚可知。崔瑗與馬融友好，史稱其「愛士，好賓客，盛修肴膳，單極滋味」，而杜喬亦奏其臧罪千萬以上。瑗亦為梁冀所善，今瑗傳多飾辭。就實論之，子玉、季長皆奢縱蕩檢之輩，即晉代石崇、何曾之儔也。西漢楊王孫學黃老之術，家業千金，厚自奉養，則已早有此風矣。

自養生任性樂志之論既昌，則必流而為狂蕩失檢，後書逸民戴良傳，居喪食肉，則儼然一阮籍也。後人論嗣宗，每謂其不得已而有所激，是固然矣；若戴良之徒，非有如阮氏之不獲已，然亦放而至此，可知循道家之論自然所臻，固不在其有激否耳也。

（民國三十年十一月責善半月刊二卷十六期，思親彊學室讀書記之七。）

蜀中道教先聲

東漢張角起於鉅鹿，張魯起於漢中。燕齊海上方士，其來久矣，而蜀中治黃老道術者，西漢如嚴君平之類姑勿論，余就東漢書籀之，亦淵源有自。如：

楊春卿，廣漢新都人，善圖讖，為公孫述將。子楊統，春卿臨命戒曰：「吾綈袠中有先祖所傳祕記，爾其修之。」統從犍為周循學習先法，又就同郡鄭伯山受河洛書及天文推步之術。統作家法章句及內讖二卷。子楊厚。（卷三十上楊厚傳）

同郡任安，從學圖讖，究極其術。建安七年卒。（卷七十九儒林傳）

又：

董扶，廣漢綿竹人，與任安同學。（卷八十二方術傳）

張楷字公超，蜀郡成都人，通嚴氏春秋、古文尚書。性好道術，能作五里霧。時關西人裴優亦能為三里霧，自以不如楷。子陵，字處沖；玄，字處虛。（卷三十六張霸傳）

翟酺，廣漢雒人，好老子，尤善圖緯天文歷筭。（卷四十八翟酺傳）

杜眞，廣漢綿竹人，習易、春秋，兄事同郡翟酺。（卷四十八翟酺傳注）

李固，漢中南鄭人，司徒郃子。郃在方術傳。固博覽古今，明於風角、星筭、河圖、讖緯，仰察俯古，窮神知變。（卷六十三李固傳）

此皆蜀中道學名家，堪為張氏先聲也。

（民國三十年十一月責善半月刊二卷六期，思親彊學室讀書記之五。）

張道陵與黃巾

神仙傳：

張道陵，沛國人。本太學諸生，博通五經。晚乃嘆曰：「此無益於年命。」遂學長生之道。聞蜀人純厚可教化，且多名山，乃與弟子入蜀。住鶴鳴山，著作道書二十四篇。

據此，似道陵之學，本成於東土。御覽六百七十一引上元寶經：

太清正一眞人張道陵，沛國人，本大儒。漢延光四年始學道。

今按：延光四年，乃漢安帝末年，明年始為順帝永建元年。各書記張陵客蜀在順帝時，則似道陵未入蜀前，固已先事研修矣。惟廣弘明集卷八釋道安二教論引李膺蜀記云：

張陵避病瘧於丘社之中，得呪鬼之術書，為是遂解「使鬼法」。後為大蛇所噏，弟子妄述升天。

又卷九甄鸞笑道論引蜀記略同，皆謂道陵鬼術成於蜀中。故東漢書劉焉傳謂：

魯祖父陵，順帝時客於蜀，學道鶴鳴山中，造作符書，以惑百姓。

魏志張魯傳略同，皆不謂其入蜀前先已習道。至張角與張道陵，雖一起鉅鹿，一起蜀中，而為術頗相似。魏志張魯傳注引典略云：

熹平中，妖賊大起，三輔有駱曜。光和中，東方有張角，漢中有張修。駱曜教民緬匿法，角為太平道，修為五斗米道。太平道者，師持九節杖為符祝，教病人叩頭思過，因以符水飲之。修法略與角同，加施淨室，使病者處其中思過。（此文東漢書劉焉傳注所引多誤。）

裴松之謂：

張修應是張衡，非典略之失，則傳寫之誤。

裴說蓋據光和中推之，上不為張道陵，下不為張魯，則應指張衡也。然考後書靈帝紀：

中平元年秋七月，巴郡妖巫張修反，寇郡縣。

注引劉艾紀曰：

時巴郡巫人張修療病，愈者雇以米五斗，號為「五斗米師」。

則張修似非字譌，或即魯別部司馬而為魯所殺者，今不可詳考。而魏志亦謂張魯之道「大都與黃巾相似」。然張魯既自其祖道陵、父衡三世相傳，則道陵遠在張角前，應是張角倣襲道陵；非張魯倣襲張角，亦非張角、張魯一在鉅鹿，一在漢中，自相冥合，亦可知矣。

今按：廣弘明集卷十一釋法琳對傳奕廢佛僧事，引後書皇甫嵩傳：「鉅鹿張角，自稱『大賢良師』。奉事黃老，行張陵之術，用符水祝法以治病。」而查皇甫嵩傳原文，只云「張角奉事道，畜養弟子」云云，無「行張陵之術」一語。此當非釋法琳以意增飾，必是今本有脫，則史籍固明謂黃巾即源於道陵之術矣。

又按：魏志、後書皆僅稱張魯為「米賊」，「黃巾」之名則若為張角一系所專。而廣弘明集卷八釋道安二教論，乃云：

張魯戴黃巾，服黃布褐。

又曰：

黃巾布衣，出自張魯。

又曰：

黃巾禁厭，張家之法。

又曰：

張角、張魯等因鬼言漢末黄衣當王，於是始服之。曹操受命，以黄代赤，黄巾之賊至是始平。

又卷九甄鸞笑道論云：

時傳黄衣當王，魯遂令其部衆，改著黄衣巾帔，代漢之徵。

又卷十一釋法琳對傅奕廢佛僧事云：

假託神言，黄衣當王。張魯因與張角等相應，合集部衆，並戴黄巾，披道士之服。數十萬人，自據漢中，垂三十載。後為曹公所破，黄衣始滅。

此皆謂張魯亦戴黄巾也。考後書劉焉傳：

是時益州賊馬相亦自號「黄巾」，先殺綿竹令，進攻雒縣。

華陽國志：

中平元年，（應是「中平五年」之誤。）涼州黃巾（應是「益州黃巾」之誤。）逆賊馬相、趙祇等，聚衆綿竹。

此四川已有黃巾之證。張魯之道，既「大都與黃巾相似」，則其亦戴黃巾無可疑。惟魯在角後，不知黃巾之制究是創於道陵，抑始自張角耳。

又按：漢末有向栩者，少為書生，性卓詭不羣，恒讀老莊。（此據御覽引范史。）博覽羣籍。（此見群輔錄。）狀如學道，又似狂生，好披髮，著絳綃頭，常入市行乞。後值張角之亂，宦官張讓讒栩，謂疑與角內應，伏誅。（後書本傳。）是當時學道者亦服絳色巾。又吳志孫策傳注引江表傳：

張津為交州刺史，舍前聖典訓，廢漢家法律，常著絳帕頭，鼓琴燒香，讀邪俗道書。

此又當時學道者服絳巾之證。牟子理惑論：

沙門剃頭髮，披赤巾。

魏書釋老志：

漢初沙門皆衣赤巾，後乃易以雜色。

據此為證，當張道陵學道鶴鳴山中時，其頭上巾當非絳即黃，而甚有早戴黃巾之可能矣。廣弘明集卷十二釋明槩決對傅奕廢佛僧事又云：

順帝時張陵客遊蜀土，聞古老相傳云：「昔漢高祖應二十四氣祭二十四山，遂王有天下。」陵遂構此謀，殺牛祭祠二十四所，置以土壇，戴以草屋，稱二十四治。治館之興始乎此也。二十三所在於蜀地，尹喜一所在於咸陽。謀為亂階，時被蛇吞，逆釁弗作，至孫張魯，禍亂方興。

今按：三國志張魯傳：

魯據漢中，以鬼道教民，自號「師君」。其來學道者，初皆名「鬼卒」。受本道已信，號「祭酒」。各領部眾，多者為治頭大祭酒。皆教以誠信不欺詐，有病自首其過。

據此則治頭、鬼卒遠始張陵，陵既本有代漢而起之野心，以土德代火德，早戴黃巾，彌有可能矣。①

又按：晉書王恭傳：

淮陵內史虞珧子妻裴氏，有服食之術，常衣黃衣，狀如天師。

是東晉天師仍服黃，後世道士稱黃冠，則黃巾之製歷久猶存。

又按：吳志孫策傳注引虞喜志林曰：

初順帝時，琅邪宮崇詣闕上其師于吉所得神書於曲陽泉水上，號太平青領道，凡百餘卷。

又江表傳曰：

---

① 原按：廣弘明集卷十二決對傅奕廢佛僧事有云：「張陵、張魯詐說鬼語，假作讖書，云：『漢祚滅後，黃衣得天下。』遂與鉅鹿張角遠為外應，造黃巾，披黃帔，聚合徒眾，誑誘愚民，謀危社稷。」今按：張角反在前，張魯把巴漢在後，而張魯眾皆服黃巾，故必推本張陵也。卷十三九箴篇又云：「漢安元年，歲在壬午，道士張陵分別黃書」云云。其言猥鄙，未知信否，然道術之起，一切尚黃，此亦一證。

時有道士琅邪于吉，先寓居東方，往來吳會，立精舍，燒香讀道書，制作符水以治病，吳會人多事之。策令收殺。

並引張津為交州刺史見殺云云。虞喜疑之曰：

順帝至建安中，五六十歲，于吉是時近已百年，禮不加刑。又吉罪不及死。推考桓王之薨，在建安五年四月四日。此為桓王於前亡，張津於後死，不得譬言津之死意。

裴氏據太康八年廣州大中正王範所上交廣二州春秋，知建安六年，張津猶為交州牧，因謂江表傳之虛，如志林所云。

今按：孫策殺于吉，蓋由其殺高岱、許貢輾轉增譌而來，江表傳決不可信；其後搜神記等書更妄。然于吉蓋嘗遊吳會，其道亦作精舍，以符水治病，則張道陵之術，蓋亦本于吉書。「太平道」與「五斗米道」本出一源，夫復何疑！惟後之言「天師道」者，則率溯道陵，不言于吉耳。

又按：東晉王氏世事張氏五斗米道，其家來自琅邪；而寇謙之父寇修之，苻堅時為琅邪太守，則謙之之道亦源自琅邪。謙之亦自稱「天師」，魏主信其術而稱「太平眞君」，此皆「天師道」即源於「太平道」之證也。

又按：魏志一，曹操為濟南相，禁斷淫祀，後黃巾移書曰：「昔在濟南，毀壞神壇，其道乃與中黃太乙同，似若知道，今更迷惑。」又吳志卷一張角自稱「黃天泰平」。然則黃巾只奉一天而不信淫祀，此亦特可注意之處也。

（民國三十年責善半月刊二卷十六期，思親彊學室讀書記之六。後有所增修，今據改稿。）

晉代之民族自卑心理

拙著國史大綱，極論晉代之民族自卑心理，列舉帝王如晉懷帝，皇后如惠羊皇后，大臣如王衍，武將如索綝，世族如王浚等以為證，顧猶未及方外。實則當時中國人民族觀念之薄弱，及其民族自卑心理之表現，方外僧人固與俗世一例，抑尤過之。如東晉法顯歷游天竺記傳，稱中天竺為「中國」。記云：

> 道整既到中國，見法門法則，衆僧威儀，觸事可觀，乃追嘆秦土邊地，衆生戒律殘缺，誓言：「自今已去，至得佛，願不生邊地。」故遂停不歸。

法顯亦自傷生在邊夷，又自稱為邊人。而印度人當時亦殊輕視中國，法顯云：

> 毗荼國佛法興盛，見秦道人往，乃大憐愍，作是言：「如何邊地人能知出家為道，遠求

佛法？」

又：

法顯、道整初到祇洹精舍，衆僧出問：「汝從何國來？」答云：「從漢地來。」彼衆僧嘆曰：「奇哉！邊地之人，乃能求法至此。」自相語言：「我等諸師和上，相承以來，未見漢道人來到此也。」

雙方心理情況如此。至唐義淨作大唐西域求法高僧傳，即遠不同。稱彼為「西國」，而自稱「大唐」；雖亦間有沿習稱彼為「中土」、「中國」、「中天」者，然曰「中天、東夏」，雙方對舉，較之以邊夷自居者要異矣。即印土諸國王，率敬禮唐僧，殆亦知東方有大唐，與法顯當時，彼中全未曉有秦漢，見此間人往而加憐愍者，情亦大異。然讀義淨所傳諸僧，無慮五六十人，而中道夭歿彼土者乃十之九。觀其年壽，大率在三十、五十之間耳。義淨所謂「苗秀盈十而蓋多，結實罕一而全少」。又曰：

思慮銷精神，憂勞排正色，致使去者數盈半百，留者僅有幾人。身既不安，道寧隆矣。

洵慨乎其言之！蓋道途行旅之艱險，又加印邦水土氣候與中國去者不適，宜乎其率流澌以盡也。惠能大師雖夙未研經，然生長嶺嶠之外，得在民間，聞此等事熟矣，一旦徹悟，即心即佛，到處皆淨土，何必西方？由是禪學大興，亦當時國勢盛衰、民族枯榮之一徵。

又按：唐太宗三藏聖教序亦云：

引慈雲於西極，注法雨於東陲。

而釋道宣廣弘明集駁蔡謨，謂其：

局據神州一域，以此為中國；佛則通據閻浮一洲，以此為邊地。斯國東據海岸，三方則無，無則不可謂無邊。此洲四周環海，天竺地之中心，夏至北行，方中無影，天地之正國，故佛生焉。（卷六敍列代王臣滯惑解）

彼生值大唐盛運，猶欲強守晉、宋衰世之病見，眞所謂迷而不返者矣。

（民國三十年十月責善半月刊二卷十五期，思親彊學室讀書記之四。）

記漢代米價

漢代米價，有可於官俸中推得一二者。按：後漢光武紀：「建武二十六年，詔有司增百官俸」，注引續漢志說之；而荀綽晉百官表注有漢延平中官俸記數。續漢志僅詳每月米額，而云「凡諸受俸，皆半錢半穀」；荀綽所舉則明載錢穀實數，據此自可推算當時之米價。

一、百官志：中二千石奉月百八十斛。

荀綽云：中二千石奉錢九千，米七十二斛。

百八十減七十二，為一百零八斛，以除月錢九千，得每斛價八十三錢餘。

二、百官志：二千石奉月百二十斛。

荀綽云：眞二千石月錢六千五百，米三十六斛。

百二十減三十六，為八十四斛，以除月錢六千五百，得每斛價七十七錢餘。

三、百官志：比二千石奉月百斛。

荀綽云：比二千石月錢五千，米三十四斛。

百減三十四，為六十六斛，以除月錢五千，得每斛價七十五錢餘。

四、百官志：千石奉月八十斛。

荀綽云：一千石月錢四千，米三十斛。

八十減三十，為五十斛，以除月錢四千，得每斛價八十。

五、百官志：六百石奉月七十斛。（按：千石以上減西京舊制，故實數均不足奉額。六百石以下增於舊秩，故實數皆超出奉額也。）

荀綽云：六百石月錢三千五百，米二十一斛。

七十減二十一為四十九斛，以除月錢三千五百，得每斛價七十一錢餘。

六、百官志：四百石奉月四十五斛。

荀綽云：四百石月錢二千五百，米十五斛。

四十五減十五為三十斛，以除月錢二千五百，得每斛價七十一錢餘。

七、百官志：三百石奉月四十斛。

荀綽云：三百石月錢二千，米十二斛。

四十減十二為二十八斛，以除月錢二千，得每斛價七十一錢餘。

八、百官志：二百石奉三十斛。

荀綽云：二百石月錢一千，米九斛。

三十減九為二十一斛，以除月錢一千，得每斛價四十七錢餘。

按：此處荀文殆有誤，應為「月錢一千五百」，則亦得每斛價七十一錢餘。

九、百官志：一百石奉月十六斛。

荀綽云：百石月錢八百，米四斛八斗。

十六減四·八為十一石二斗。以除月錢八百，得每斛價七十一錢餘。

據上列，千石以上所計米價稍有出入，而亦甚微。六百石以下，則核得米價均為每石七十一錢餘，此必為當時之官價也。

前書貢禹傳：「秩八百石，奉錢月九千二百。拜為光祿大夫，奉錢月萬二千。」

今按：汲黯傳如淳注引：「律，眞二千石月得百五十斛」，若以除貢禹光祿月錢萬二千，是當時官價約每石得八十錢也。（惟「八百石月錢九千二百」似太優，疑有誤字。）

宣帝紀元康四年：「比年豐，穀石五錢」，食貨志：「宣帝穀至石五錢，農人少利。」沈彤云：「『五』下當有『十』字。若石止五錢，則不得但云『少利』。」

今按：以上推校之，沈說是也。食貨志：「元帝即位，齊地饑，穀石三百餘，民多餓死。」馮奉世傳（永光二年）時歲比不登，京師穀石二百餘，邊郡四百，關東五百，四方饑饉。王莽時穀價翔貴，雒陽以東米石二千，饑死者十七八；後書獻帝紀興平元年，穀一斛五十萬，豆麥一斛二十萬，人相食啖，更非常例。

至食貨志載李悝言，米石錢三十。秦始皇本紀三十一年，米石千六百。又食貨志，漢興，米石五千，至萬錢。其時錢價既不同，千六百之與萬錢，猶可言其過昂，非常例，而悝言石錢三十，無乃太賤！不知果指何時言之也？（惟決非眞李悝時。）

（民國二十六年一月十四日天津益世報讀書週刊八十三期，未學齋讀史隨筆之五。）

古今南北產鐵量

鐵為兵農所賴，覘國富彊者必及。考中國產鐵，古今南北盈絀異量。左傳昭公二十九年，晉賦一鼓鐵鑄刑鼎；及戰國邯鄲郭縱以鐵冶成業，與王者埒富。蜀卓氏其先亦趙人，用鐵冶富。宛孔氏、曹邴氏皆冶鐵。此戰國先秦鼓鑄產鐵之大較也。（山海經西山、北山、中山言產鐵者卅餘所。）

漢鐵官凡四十郡：

京兆 鄭　扶風 雍 漆　馮翊 夏陽　弘農 宜陽 澠池　太原 大陵

河東 安邑 絳 安民 平陽　河內 隆慮　河南　潁川 陽城　汝南 西平

南昌 宛　廬江 晥　山陽　沛 沛　魏 武安

常山 都鄉　千乘 千乘　齊 臨淄　東萊 東萊　東海 下邳 朐

濟南 東平陵 歷城　臨淮 鹽瀆 堂邑　漢中 沔陽　蜀 臨邛　漁陽 漁陽

遼東 平郭　膠東 郁秩　楚 彭城　泰山 嬴　桂陽

犍為 武陽 南安　琅邪　右北平 夕陽　隴西　魯
廣陵　中山 北平　城陽 莒　東平　涿

十八、九皆在北方。

唐憲宗元和，天下歲采鐵二〇七萬斤。宣宗大中時，增鐵山七一，天下歲率鐵五三萬斤有奇。（此兩條皆見食貨志。似是宣宗時歲增五三萬斤，非歲采五三萬斤也。）宋皇祐中，歲得鐵七、二四一、〇〇〇斤。治平諸州坑冶總二七一，視皇祐鐵增百餘萬。神宗元豐元年，諸坑冶總收鐵五五〇萬斤有奇。徽宗政和時，廣東漕司言本路鐵場坑冶九二所，歲額收鐵二八九萬餘斤。時江東、西、福建、兩浙漕臣，皆領坑冶，而淮南、湖北、廣東、西已先有監司領之。南方產鐵之量，至是蓋激增。

孝宗時，諸路鐵冶歲入八十八萬斤有奇。乾道二年，淮西、夔州、成都、利州、廣東、福建、浙東、廣西、江東、西鐵冶六百三十八，廢者二百五十一。舊額歲二、一六二、一四〇斤有奇，而乾道歲入則為八八〇、三〇〇斤有奇。是宋南方產鐵量，已達唐元和全國之數矣。（此據舊額言之。）

元史食貨志產鐵之所：

腹裏 河東　順德　檀景　濟南
江西 龍興　吉安　撫　袁　瑞　贛　臨江　桂陽

陝西	興元
江浙	饒 徽 寧國 信 慶元 台 衢 處 建寧 興化 邵武 漳福 泉
湖廣	沅 潭 衡 武岡 寶慶 永 全 常寧 道州
雲南	中慶 大理 金齒 臨安 曲靖 澂江 羅羅 建昌

至是則南方產鐵之量額，已較北方超過甚遠。

天曆元年歲課數：

江浙	額外鐵	二四五、八六七斤	課鈔	一、七〇三錠一四兩
江西		二一七、四五〇斤		一七六錠二四兩
湖廣		二八二、五九五斤		
河南		三、九三〇斤		
陝西		一〇、〇〇〇斤		
雲南		一二四、七〇一斤		

南北課鐵，大概為六與一之比。

明洪武七年（春明夢餘錄）命置鐵冶所官凡一三所，歲共八、〇五二、九八七斤。

江西	南昌府進賢冶歲	一、六三〇、〇〇〇斤
	臨江府新喻冶 袁州府分宜冶 歲各	八一五、〇〇〇斤
湖廣	興國冶	一、一四八、七八五斤
	蘄州黃梅冶	一、二八三、九九二斤
山東	濟南府萊蕪冶	七二〇、〇〇〇斤
廣東	廣州府陽山冶	七〇〇、〇〇〇斤
陝西	鞏昌冶	一七八、二一〇斤
山西	平陽府富國冶 豐國冶 歲各	二二一、〇〇〇斤
	太原府大通冶	一二〇、〇〇〇斤
	潞州潤國冶 澤州益國冶 歲各	一〇〇、〇〇〇斤

南北比數，亦恰為六一。

又明初課鐵（明會典），定各處鑪冶課鐵一八、四七五、〇二六斤：

湖廣	六、七五二、九二七斤
廣東	一、八九六、六四一斤
北平	三五一、二四一斤
江西	三、二六〇、〇〇〇斤
陝西	一二、六六六斤
山東	三、一五二、一八七斤
四川	四六八、〇八九斤
河南	七一八、三三六斤
浙江	五九一、六八六斤
山西	一、一四六、九一七斤
福建	一二四、三三六斤

則南北略當三與一之比。

上之所述，雖甚簡略，亦古今南北經濟移轉一顯例也。

（民國三十年一月齊魯學報第一號）

記三國至五代北方絲業盛衰

拙著國史大綱曾論南北經濟轉變，舉例及絲織業之初盛於北，漸移而南。比來成都，偶為諸生道之，頗有北省人詫為異聞者。以史綱急切不可得，特囑杜君光簡列記唐宋兩代地理志所載貢絲諸地，以證我說。行篋適有零文碎記，為史綱所未著者，足與杜文詳略互備，閱者可並覽焉。至其大端已見史綱，此不贅。

東漢之末，袁紹軍在河北，仰食桑椹。（魏志武帝紀注）而曹操過新鄭，所將千餘人無糧，新鄭長楊沛亦進乾椹。（賈逵傳注）又曹真傳：

何晏等專政，分割洛陽、野王典農部桑田數百頃。

及魏武平鄴，即下令收田租畝粟四升，戶調絹二匹、緜二斤。而趙儼傳，儼見陽安郡都尉李通，亦謂：「懷附者收其緜絹。」又書與荀彧，曰：「今陽安郡當送緜絹」云云。是戶調緜絹，其制通行於大河南北也。故黃初罷五銖，而使百姓以穀帛為市，則知植桑繅絲之業，遍於北方民間矣。

又魏文帝詔：

珍玩必中國，夏則縑總綃繐，其白如雪，冬則羅紈綺縠，衣疊鮮文，未聞衣布服葛也。（全三國文卷六）

此則魏主以北方之絲織業自誇，而笑江東之布葛。故曹爽亦附絹二十匹於江夏太守，令交市於吳焉（夏侯尚傳注）。杜恕云：

冀州有桑棗之饒。（杜畿傳）

而何晏九州論亦云：

清河縑總，房子好綿。（全三國文卷三十九）

而馬鈞遂發明十二躡綾機（舊綾機五十綜者五十躡，見杜夔傳注引傅子。）此以見絲織為北方生業要端也。晉人戶調亦輸緜絹。據晉書載記：

永和三年，石季龍親耕籍田於其桑梓苑，其妻杜氏祀先蠶於近郊。

太平御覽卷九百五十五引鄴中記：

桑梓苑中盡種桑，三月三日及蠶時，虎皇后將宮人數千出採桑，遊戲其下。

水經濁漳水注：

漳水又南，對趙氏臨漳宮，宮在桑梓苑，多桑木，故苑有其名。三月三日及始蠶之月，虎帥皇后及夫人採桑於此。今地有遺桑，墉無尺雉矣。

是知河北鄴都一帶，蠶業猶盛。故石虎雖兇猛，亦慕華化，親耕籍田而后祀先蠶耳。

又水經濁漳水注引燕書：

王猛與慕容評相遇於潞川，評障錮山泉，鬻水與軍，入絹匹，水二石。

御覽卷三百三十四引十六國春秋：

評責樵鬻水，積錢絹如丘陵，三軍莫有鬪志。

夫錮泉鬻水，至於二石水值一匹絹，誠駭聽聞。然其時漳鄴之間，富於絹匹，亦居可見。

又御覽卷九百五十五引十六國春秋後燕錄：

先是遼川無桑，及慕容廆通於晉，求種江南。平州之桑，悉由吳來。

是則當時北土盛事桑蠶，故雖鮮卑亦知重之，乃遠乞桑種於東晉。而植桑育蠶之業，並延及於龍城、遼水焉。

魏書食貨志：

司、冀、雍、華、定、相、泰、洛、豫、懷、兗、陝、徐、青、齊、濟、南豫、東兗、東徐十九州貢綿絹及絲。

其餘郡縣少桑蠶處以麻布充。此北朝蠶業地域之大概也。（其桑田制已詳史綱。）

資治通鑑考異九引太宗實錄：

太宗對高祖云：「山東人物之所，河北蠶綿之鄉。天府委輸，待以成績。

則河北盛蠶綿，至唐初猶然。全唐文卷五百十四殷亮顏魯公行狀（亦見唐書顏傳）：

國家舊制，江淮郡租布貯於清河，以備北軍費用，相傳為「天下北庫」，今所貯有江東布三百餘萬疋，河北租調絹七十餘萬，當郡綾十餘萬。

則直至安、史之亂，江南租布，河北調絹，判然分明，可徵其時蠶桑之業仍在北不在南。

又按：通典六：

天寶年間，課丁八百二十餘萬，其庸調租等約出絲綿郡縣計三百七十餘萬丁，庸調輸絹約七百四十餘萬疋，（每丁計兩疋。）綿則百八十五餘萬屯，（每丁三兩，六兩為屯，則兩丁合成一屯。）租粟則七百四十餘萬石。（每丁兩石。）約出布郡縣計四百五十餘萬丁。庸調輸布約千三十五萬餘端。（每丁兩端一丈五尺，十丁則二十三端也。）其租：約百九十餘萬丁江南郡縣，折納布約五百七十餘萬端。（大約八等以下戶計之，八等折租，每丁三端一丈，九等則二端二丈，今通以三端為率。）二百六十餘萬丁江北郡縣，納粟約五百二十餘萬石。

是其時出絲郡縣丁數約半數弱，出布郡縣丁數約半數強，而江南郡縣折租布丁數又估出布郡縣丁數半數弱。大抵江南、江北為出布郡縣，則出絲郡縣大抵在大河南北也。

然唐代絹織之最精者，則不在河北而在西蜀與河南之亳、宋。全唐文卷九百六十八大中六年十月中書門下議平贓定估奏云：

京城元不出土絹，所貨者諸州土絹。果、閬州絹最貴，每匹九百五十文，上至五十尺，下至四十五尺。其次宋、亳州土絹，估每匹九百文實估價。諸州府絹價，除果、閬州絹外，別無貴於宋、亳州上估絹者。

就其價貴，知其織精。

黃河北岸以絲織著名者則有如滑州，亦今河南省境。全唐文卷二百六十八宋務光請減滑州封戶疏謂：

滑州地出紋縑，人多趨射，所以列縣為七，分封為五。王賦少於侯租，入家倍於輸國。

知滑境出紋縑，為當時經濟重地，故貴勢之家競思染指。（定州絲品出量最多，已詳史綱。）又全唐文卷二百六十九張廷珪請河北遭旱澇州準式折免表謂：

景龍二年三月勅河南、北桑蠶倍多，風土異宜，租庸須別。自今以後，河南、河北蠶熟依限即輸庸調，秋苗若損，唯令折租。

又云：

景龍之際，時多賊臣，各食實封，遍河南、河北。

又唐會要卷八十三開元二十五勅（亦見地理志）：

關輔庸調，所稅非少，既寡蠶桑，皆資菽粟。今後關內諸州庸調資課，並宜准時價變粟取米。其河南、河北有不通水利，宜折租造絹，以代關中調課。

是則大河兩岸（指今河南省東部。）之在當時，不徒為貴勢之家所垂涎，即朝廷賦稅亦特偏重，蓋莫非以桑蠶倍多之故。而當時謂大河兩岸之所以桑蠶倍多者，由於風土之異宜，亦正猶今人認江浙太湖流域蠶桑事業之特盛謂由於風土異宜也。

至唐中葉以後，而南方絲織乃漸有凌駕北方之勢，全唐文卷五百三十顧況韓滉行狀謂：

今江南縑帛，勝於譙、宋。

是也。而北方蠶務則日見墮退，至五代陶穀乃有請禁伐桑棗奏，謂：

司馬遷著書曰：「齊魯之間千畝桑，安邑千樹棗，其人與千戶侯等。」伏見近年以來，所在百姓皆伐桑為柴，忘終歲之遠圖，趨一日之小利，所司不禁，乃積習生常。苟桑柘漸稀，則繒帛須闕，三數年內，國用必虧。（全唐文卷八百六十三）

其時大河流域「人生草草」之象，大體如睹。蓋南北榮悴之轉移自此而益顯。然直至南宋，蘇籀上務農劄子尚謂：

今吳地縑綺之美，不下齊魯。（南宋文範卷十五）

則知當時南北絲織尚亦均衡，並不南盛於北也。

（民國三十年五月責善半月刊二卷五期，思親彊學室讀書記之二。）

歷代絹價雜考

國史大綱曾比論魏晉田租與漢制輕重懸絶，顧於魏晉絹價未經申論，猶嫌未盡。

今按：漢書東方朔傳：

館陶公主令中府：「董君所發，一日金滿百斤，錢滿百萬，帛滿千匹，乃白之。」

是其時帛十匹等金一斤、錢一萬，匹帛當值千錢也。魏時絹價，初無明文，然以匹價千文考之，大率近是。晉書景帝紀謂魏高貴鄉公賜司馬師「錢五百萬，帛五千匹」，此亦錢百萬帛千匹之例。以五千匹帛抵五百萬錢，知其時匹帛價亦千文。帛乃縑素之通稱，縑既賤物，知此所云帛皆指絹。是自漢迄魏，絹價大率一匹直千錢也。

魏志胡質傳注引晉陽秋：

質之爲荆州，其子威自京都省之。告歸臨辭，質賜其絹一匹，爲道路糧。

考崔寔政論，客傭月一千。質之賜子，蓋正直苦力一月之傭，自荆州返洛下，道路跋涉，不需盈月，徒步而往，千錢之費亦僅可達矣。

又吴志孫休傳注引襄陽記：

李衡種甘橘千株，謂：「吾有千頭木奴，不責衣食，歲上絹一匹，亦可足用。」吴末，衡甘橘成，歲得絹數千匹，家道殷足。

考史記貨殖傳：

江陵千樹橘。

亦擬千戶封君。封君食租稅，歲率戶二百。又云：

商賈亦歲萬息二千，百萬之家則二十萬。

以此計之，一樹橘亦約略直千文。李衡謂「歲上一匹絹」，正謂一樹橘值千錢，當絹一匹耳。此皆三國時匹絹直千文之證。

又按：魏志張遼傳注引魏書：

王賜遼帛千匹，穀萬斛。

又文帝紀，延康元年二月注引魏書：

賜諸侯王將相以下大將粟萬斛，帛千匹。

魏武帝令，謂：

今清時，但當效力王事，雖私結好於他人，用千匹絹，萬石穀，猶無所益。

彙此數事，知其時一匹帛價當十斛穀。若其時斛粟平價直一百文，亦與漢代約略相當。

惟絹價至晉代即似激漲，此當由錢價低落所致。考石勒載記：

勒僞稱趙王。令公私行錢，而人情不樂。乃出公絹市錢，限中絹匹一千二百，下絹八百。然百姓私買中絹四千，下絹二千，巧利者賤買私錢，貴賣於官，坐死者十數人，而錢終不行。

觀勒所定中絹匹一千二百，下絹匹八百，仍約略相當於魏代以來之通行價，而民間以不樂行錢，故絹價乃漲至四倍左右也。

又考王褒僮約：

褒買髯奴便了，決賈萬五千。

若以匹絹直千錢論，則此髯奴抵絹價十四又半。而石崇奴券：

買一惡羝奴，下絹百匹。

若以石勒限下絹八百論，此奴身價亦已五倍餘於王褒之僮矣。然如任嘏買生口，初價八匹，後價至六十匹，此固不可拘執以論也。

魏晉絹價既約略推定，則魏晉戶調制之輕重亦從可估量。魏初定鄴都，收田租畝粟四升，戶絹二匹，而綿二斤。今以匹絹價千錢計，則二匹絹值二千文，蓋猶合漢代雇更一月平價二千錢之意。至晉制始戶調絹三匹，則已增一半之額，而絹價亦視前為高；至其時租額之激增，則已詳於史綱，此正可憑絹價以證晉代之苛斂也。

南北朝絹價極相差。北史房謨傳：

魏朝以河南數州鄉俗絹濫，退絹一匹，徵錢三百，人庶苦之。謨乃表請錢絹兩受。

又魏孝莊永安二年，准祕書郎楊侃之奏，鑄造永安五銖，特令在京邑二市出賣藏絹，每匹三百文者，皆降低為二百文。是知北朝絹價，大率每匹在三百文左右。而宋書沈懷文傳：

宋孝武時，齋庫上絹，年調鉅萬匹，綿亦稱此。時民間買絹一匹，至二三千，綿一兩亦三四百，貧者至賣妻兒。

是則當時南方絹價視北方幾十倍。此固由於雙方錢幣價格之不同，然亦恐南方絲織業本不如北方之盛，故有如此高低耳。

唐代絹價，見於唐書馬周傳者，謂：

貞觀初，率土霜儉，一匹絹纔易一斗米。五六年來，頻歲豐稔，一匹絹易粟十餘斛。

然則一匹絹當十斛粟，似頗與漢、魏以來約略相似。而此後則絹價日下，終不能再抵十斛粟之值。是蓋唐代民間絲織業日盛，故絹帛通行，其價亦退耳。

史稱開元十三年，米斗十三文，青、齊穀斗至五文，自後兩京米斗不至二十文，麵三十二文，絹一匹二百一十文。此為唐室之黃金時代。其時則一匹絹不敵二石米。又考元結問進士：

往年粟一斛估錢四百猶貴，近年粟一斛估錢五百尚賤。往年帛一匹估錢五百猶貴，近年帛一匹估錢二千尚賤。（全唐文三八〇）

元文在代宗永泰時，其所謂「往年」者不知所指。就其文言，以前帛一匹略當粟一斛，此當非粟價之昂而實係絹價之賤。其後米價增四分之一，而絹價增四倍。是絹價上增較米價不啻十倍。然一匹絹亦只直四斛粟耳。

又陸贄論「兩稅」之弊，謂：

定稅之數皆計緡錢，納稅之時多配綾絹。往者納絹一匹當錢三千二三百文，今者納絹一匹當錢一千五六百文。（全唐文四六五）

考楊炎定兩稅法在德宗建中元年，較元結問進士後十五年，而絹價又增一半以上。陸贄之疏在貞元時，又後楊炎十年左右，因兩稅法行，錢價日高，故絹價又落也。

再考陸贄請減京東水運事宜狀謂：

淮南諸州米每斗當錢一百五十文，而在京只糴三十七文。（全唐文四七三）

又謂：

在京米粟太賤，其江淮所停運米，請於遭水州縣每斗八十價出糴。

今姑以八十文一斗論，是一石米八百，當時一匹絹價亦只值兩石米。

其後錢價益增，絹價益落，權德輿上陳闕政文謂：

大曆中一縑值錢四千，今只八百。（全唐文四八六）

又其論旱災表亦謂：

大曆中絹一匹價近四千，今止八百九百。

權德輿文約較陸贄文又後十年，而絹價又低去一半。

其後韓愈論變鹽法事宜狀謂：

張平叔云：初定兩稅時，絹一匹直錢三千，今絹一匹直錢八百。（全唐文五五〇）

而李翺進士策問亦曰：

初定兩稅時，錢直卑而粟帛貴，粟一斗價盈百，帛一匹價盈二千，稅户之歲供千百者，不過粟五十石，帛二十有餘匹而充矣。及玆三十年，錢直日高，粟帛日卑，粟一斗價不出二十，帛一匹價不出八百，稅戶之歲供千百者，粟至二百石，帛至八十匹。（全唐文六三四）

又其疏改稅法云：

初定兩稅至今四十年，當時絹一匹為錢四千，米一斗為錢二百，今絹一匹不過八百，米一斗不過五十。（全唐文六三四）

是當韓、李時絹價仍為八百文一匹。以絹米之對比言，初時絹一匹值米二斛，後則絹一匹值米四斛也。

又考元稹為河南百姓訴車謂：

絹一匹約估四千以上，時估七百文，紬一匹約估五千，時估八百文。（全唐文六五一）

則絹價仍與權、韓時相仿。此有唐一代絹價之大概也。

據容齋續筆：

五代時南唐絹價每匹五百文，紬六百文，綿每兩十五文。宋齊邱請官收折價每匹絹擡為一貫七百文，紬兩貫四百文，綿每兩四十文，皆足錢。（卷十六）

由是南唐境內桑無隙地，遂開有宋一代南方絲織業繁興之先河。

至宋代絹價，據續資治通鑑長編，太宗太平興國元年：

江南西路轉運司言：「本路蠶桑較少，絹上等舊估匹一千，今請估一千三百。」

又真宗大中祥符九年：

發內藏錢二千萬貫，令三司預市紬絹。時青、齊間絹直八百，紬六百，官給絹直一千，紬八百。自是紬絹之直日增。

至仁宗慶曆六年：

紬絹一折錢九百至一千二百。

宋史食貨志：

神宗時，京東轉運司請以錢貸民，令次年輸絹，匹為錢千。熙寧三年，御史程顥言：「京東轉運司和買紬絹，增數抑配，率千錢課絹一匹，其後和買并稅絹，疋皆輸錢千五百。」

是宋代絹直大率仍在每匹千文之數。

又考能改齋漫錄：

范文正治杭州，二浙阻饑，穀價方湧，斗錢百二十。

而續資治通鑑長編記熙寧七年：

詔三司以上等粳米每石為錢一千，於乾明寺米場聽民賒請。中等粳米每斗為錢八十五文，零糶與貧民。

又熙寧八年：

呂惠卿言：「蘇州上田得米三斗，斗五十文。」

據是則絹米比價，亦在一匹絹抵一石米或兩石米之間。

又食貨志：

大觀時，江西十郡和買數多，法一匹給鹽二十斤，比錢九百。

又：

大觀二年，州縣和買，有以鹽一席折錢六千，令民至期輸紬絹六匹。

則是北宋絹價，直至徽宗時，南北略相當，常在每匹千文左右也。至南宋官定折帛輸錢，其價乃激增。

建炎繫年要錄：

建炎元年詔：「自今以絹定罪，並以二千為準。」舊制以絹計贓者，千三百為一匹，至是有司言所在絹直高，乃有是命。

又食貨志：

建炎三年，兩浙轉運副使王琮言：「絹每疋折輸錢二千以助用。」詔許之。

東南折帛錢自此始。

及紹興四年，殿中侍御史張致遠言：「江西匹輸錢五千省，比舊直已增其半，較之兩浙時直，匹多一千五百，戶部又令折六貫文足，是欲乘民之急而倍其歛也。」於是詔江西和買絹匹折輸錢六千省，願輸正色者聽。是時令民輸紬者全折，輸絹者半折，疋五千二百省。折帛錢由此愈重。及紹興九年，復河南，減折帛錢疋一千，未幾又增之。十七年，減折帛錢：江南疋為六千，兩浙七千，和買六千五百；綿，江南兩為三百，兩浙四百。

此南宋折帛價依時遞增之概也。

然當時官定折價之激增，蓋亦與民間市價相應。繫年要錄，紹興二十六年：

國子司業王大寶言：「折帛錢者，艱難之初，物價踴貴，令下户折納，務以優之也。今市價每匹不過四貫，乃令下户增納六貫。」

然則當時市價亦已到疋絹四千之昂矣。又考食貨志：

紹興六年八月，預借江、浙來年夏稅紬絹之半，盡令折米：兩浙紬絹各折七千，江南六千有半，每疋折米二石。

是知絹價雖增至每疋六千、七千之數，然其與米價之對比，則仍在匹絹抵米二石也。

又熊克中興小傳：

淮南漕司具到米價最賤處，每斗一百三十文。

今姑以此計算，最賤米每石一千三百，匹絹市價高至四千，亦僅抵最賤米三石。

至元、明以來，鈔銀代興，絹價遂不足為一切物價之標準。然如顧亭林日知錄引宣宗實錄：胡濙奏請俸鈔七分折官絹，每匹準鈔四百貫，三分折官綿，每匹準鈔二百貫。（卷十二「俸祿」條）

此則官絹一匹值錢四十萬，實前古所未有也。

（民國三十年十一月責善半月刊二卷十七期，思親彊學室讀書記之八。）

水碓與水磑

「水舂」之說，桓譚新論已有之，謂：

役水而舂，其利百倍。

是也。孔融亦謂：

水碓之巧，勝於聖人。

昔人又謂之「槽碓」，謂其晝夜毇米兩斛，日省二工，歲月積之，知非小利。大抵其製創於兩漢，而盛於魏晉。世說：

王戎區宅僮牧膏田水碓之屬，洛下無比。

晉書譏其好興利，謂其：

廣收八方園田水碓，周遍天下。

石崇水碓三十餘區，魏舒從叔父吏部郎衡，使守水碓。則水碓之在魏晉間，風行已甚廣，豪族大宗固已競相設置以為利源矣。劉頌傳：

頌任河內郡，郡界多公主水碓，遏塞流水，轉為浸害，頌表罷之，百姓獲其便利。

此貴家水碓有損民田而遭禁罷也。水碓之製既興，繼之則有「水磨」，亦稱「水磑」。晉諸公贊：

杜預作連機水磑，由此洛下穀價豐賤。

魏書崔亮傳：

亮在雍州，讀杜預傳，見為八磨，嘉其有濟時用，遂教民為碾。及為僕射，奏於張方橋東堰穀水造水碾磨數十區，其利十倍，國用便之。

夫水碾磨數十區，足以便國用，則其利之大可知。後世因認水碾為崔亮之創制。獨異志：

隋楊素家富侈，都會之處，邸店碾磑，不知紀極。

而其事至唐時乃大盛，貴家豪族競興以牟大利，然以其妨農田灌溉，故亦屢為朝廷禁令所及。文獻通考記唐代因時議拆毀碾磑以廣水田之利者，前後凡四次，最先在永徽六年，考其事始於雍州長史長孫祥奏言：

往日鄭白渠溉田四萬餘頃，今為富商大賈競造碾磑，堰遏費水，渠流梗塞，止溉一萬餘頃。

長孫無忌亦以為言，於是遣祥等分檢渠上碾磑，皆毀之。次在開元九年，有京兆尹李元紘，疏決三輔諸渠，時諸王公權要之家，皆緣渠立磑，以害水田，元紘令吏人一切毀之，百姓大獲其利。三見於廣德二年，戶部侍郎李栖筠、刑部侍郎王翊充、京兆尹崔昭，奏請拆京城北白渠上王公寺觀碾磑七十餘所，以廣水田之利，計歲收粳稻三百萬石。四見之於大曆十三年，民訴涇水為磑壅，不得溉田，京兆尹黎幹以請，詔撤白渠水支流碾磑，以水與民。時郭子儀第六子郭曖尚代宗第四女昇平公主，有脂粉磑兩輪，郭子儀私磑兩輪，所司未敢撤。公主見代宗訴之，帝謂公主曰：「吾行此詔，蓋為蒼生，爾豈不識我意？可為眾率先。」公主即日命毀，由是勢門碾磑八十餘所皆毀。此唐代四次詔毀豪貴碾磑之大概也。

又元和六年，京城諸僧有請以莊磑免稅者，宰臣李吉甫奏曰：

錢米取征，素有定額，寬緇徒有餘之力，配貧下無告之氓，必不可許。

從之。按：先是，李元紘為雍州司戶時，有太平公主與僧寺爭碾磑事。是唐代碾磑除王公貴戚外，僧寺亦其要主。又高力士於灃水側設碾五輪，一日製麥達三百斛。則水磑之設，其境甚擴，亦不限於長安。

又考僖宗時有命相度河渠詔，謂：

關中鄭白兩渠，古今同利，四萬頃沃饒之業，億兆人衣食之源。比者權豪，競相占奪，堰高磑

下，足明棄水之由，稻浸稑澆，乃見侵田之害。今因流散，尚可經營。（見全唐文卷八十八）

此直逮晚唐，尚目碾磑壞水利之明見於朝廷詔書者。及宋代張方平猶言之，謂：

昔在唐初，二渠所溉猶萬餘頃。及承平漸久，事不務本，沃衍之地，占為權豪觀游林苑，而水利分於池榭碾磑，以故亡天府之利，貽天下之害。（樂全集卷十九）

此宋人猶能言碾磑有妨水利之證也。

又宋哲宗元祐元年，右司諫蘇轍言：

近歲京城外創置水磨，因此汴水或澀，阻隔官私舟船。其東門外水磨下流，汗漫無歸，侵損民田一二百里。聞水磨歲入不過四十萬貫，乞廢罷官磨，任民磨茶。

是宋代仍亦有官磨，而似已遠不如唐代之盛矣。

嘗見某書謂歐洲工業時代負有顯著作用之機械水車，在中國則為保護農業之名義而壓抑，實為中國工業停滯不發達之一因。又彼中論經濟史者，謂羅馬法律偏尚形式，實足扶長輓近日資本主義之伸張。則反而論之，中國歷代相傳壓抑權門、憫恤小民之政治觀念與法律思想，實皆足以摧抑資本主義之進展矣。唐人盛行鍊丹，其後乃並不能發展而成如西方之化學，亦一例也。此等雖小事，實為論述文化演進異趨之極好論據也。

（民國三十一年一月責善半月刊二卷二十一期）

唐代南方茶山之經濟形態

「茶」字始見於王褒之僮約，所謂「武都買茶」即為茶茗，與「炰鼈烹茶」之為苦菜者不同。及吳志韋曜傳：

孫皓賜曜茶荈以當酒。

則飲茶之習源起甚古。然至唐之中世，榷茶之利始與覔酒相抗。宋、明以還，茶利遂為國計所繫。余讀杜牧上李太尉論江賊書，有可見茶利之一斑者。杜文謂：

刼江賊徒，上至三船兩船，百人五十人，下不減三二十人。所刼商人，皆得異色財物，盡將南渡，入山博茶。蓋以異色財物，不敢貨於城市，惟有茶山可以銷受。蓋以茶熟之際，四遠商人，皆將錦繡繒纈、金釵銀釧，入山交易。婦人稚子，盡衣華服。吏見不問，人見不驚。是以賊徒得異色財物，亦來其間，便有店肆為其囊橐，得茶之後，出為平人。

此文可見唐中葉以下南方茶山經濟狀態活潑之大概也。

杜文又謂：

凡江淮草市，盡近水際，富室大戶，多居其間。自十五年來，江南、江北，凡名草市，劫殺皆遍。只有三年再劫者，無有五年獲安者。長江五千里，來往百萬人，日殺不幸，水滿寃骨，至於嬰稚，曾不肯留。

此固可見唐中葉以後長江沿岸經濟形態之活潑繁榮，然其時唐代政令之腐敗，亦可想見。諒唐後南方經濟之繁榮，亦與民間嗜茶之新風氣，有莫大之關係也。

據唐書食貨志，德宗貞元九年正月，初稅茶。先是諸道鹽鐵使張滂奏請於出茶州縣及茶山外商人要路，定三等，時估每十稅一。詔可。自是歲得錢四十萬貫。陸宣公奏議云：「歲約得五十萬貫。」穆宗時，鹽鐵使王播增天下茶稅，率百錢增五十。江淮、浙東西、嶺南、福建、荆襄茶，播自領之。兩川，以戶部領之。今考劉晏為鹽鐵使，大曆末，鹽利歲至六百餘萬緡；天下之賦，鹽利居半。則貞元時茶稅乃當大曆末鹽利十之一，占天下賦二十之一也。然貞元時，鹽賦復加，則茶稅之入，尚不敵當時鹽利之十一可知。杜牧之文，尚在穆宗以後。蓋唐代社會茶業，其興發之盛，亦與時而俱進耳。

又唐詩紀事載袁高茶山詩，又云：

唐制，湖州造貢茶最多，謂之「顧渚貢焙」，歲造一萬八千四百斤。大曆後，始有進奉。建中二年，高刺郡，進三千六百串，並此詩一章，刻石在貢焙院。

錢竹汀十駕齋養新錄考定袁詩應在德宗興元元年。惟其云「歲造一萬八千四百斤」云云，興元以前之制，或計有功復自以後事說，惟不知究應在何時也。

（民國三十年十一月責善半月刊二卷十七期）

唐代公廨本錢食利之制

唐書食貨志：

武德元年，京師及州縣皆有公廨田，供公私之費。其後以用度不足，京官有俸賜而已。諸司置公廨本錢，以番官貿易取息，計費多少為月料。

又云：

天下置公廨本錢，以典史主之。收贏十之七，以供佐史以下不賦粟者常食，餘為百官俸料。

唐會要九一：

武德以後，國家倉庫猶虛，應京官料錢，並給公廨本，令當司令史番官迴易給利，計官員多少分給。

文獻通考選舉考八：

唐置公廨本錢，以諸州令史主之，號「捉錢令史」。每司九人，補於吏部，所主纔五萬錢以下，市肆販易，月納息錢四千，歲滿授官。

貞觀十二年，褚遂良極論其弊，謂：

陛下近許諸司令史捉公廨本錢，諸司取此色人，號為捉錢令史。不簡性識，寧論書藝？但令身能估販，家足貲財，錄牒吏部，使即依補。大率人捉五十貫以下，四十貫以上，任居市肆，恣其販易。每月納利四千，一年凡輸五萬，送利不違，年滿受職。在京七十餘司，大率司引九人，更一二載後，年別即有六百餘人輸利受職。此人習以性成，慣於求利，苟得無恥，莫蹈廉隅，使其居職，從何而可？將來之弊，宜絶本源。（唐會要九一）

史稱太宗納褚遂良言，遂罷捉錢令史，復詔給百官俸。惟貞觀二十一年，仍令在京諸司置公廨本錢，取利充俸。及開元六年，祕書少監崔沔議州縣官月料錢狀（全唐文三〇四作「崔涵」。）謂：

養賢之祿，國用尤先。取之齊民，未為剝下，何用立本息利，法商求資？皇運之初，務革其弊，記本取利，以繩富家，固乃一切權宜，諒非經通彝典。頃以州縣典吏，並捉官錢，收利數多，破產者眾。……五千之本，七分生利，一年所輸，四千二百，兼算勞費，不啻五千。（同上）

據此則州縣官俸，至是亦取給廨本生息矣。通鑑唐紀，開元十年，命有司收公廨錢充官俸。及開元二十四年六月，始分月給百官俸錢。而開元十六年詔有云：

比來公私舉放，取利頗深，有損貧下，事須釐革。自今以後，天下負舉，只宜四分收利，官本五分收利。

則公廨置本錢收利之制固仍在也。及肅宗乾元元年，勑長安、萬年兩縣，各備錢一萬貫，每月收利以充和顧。時祀祭、蕃夷賜宴別設，皆長安、萬年人吏主辦。二縣置本錢配納質積戶收息以供費。諸使捉錢者，給牒免徭役；有罪，府縣不敢劾治。民間有不取本錢，立虛契，子孫相承為之。（文獻通考卷十九征榷）及德宗建中二年五月二日勑：

令中書、門下兩省分置待制官三十員，仍於見任前資及同正兼試九品以上官中簡擇，具名聞奏。度支據品秩，量給俸錢。並置本收利供厨料，所須幹力、什器、廳宇等，並計料處分。（唐會要二十六）

左拾遺史館修撰沈既濟上疏論之曰：

置錢息利，是有司權宜，非陛下經理之法。今官三十員，皆給俸錢、幹力、厨料、什器，建造庭宇，約計一月不減百萬。以他司息利準之，當以錢二千萬為之本，方獲百萬之利。（按：此乃月息五分也。）若均本配人，當復除二百戶，反復計之，所損滋甚。當今關輔大病，皆為百司息錢，傷人破產。（同上）

及貞元二十一年，中書、門下請添借百司本錢奏云：

伏以百司本錢，久無疏理，年歲深遠，亡失頗多，食料既虧，公務則廢。事須添借，令可支持。（全唐文九六四）

蓋是時財政愈窘，乃對公廨本錢不復反對，而更有添借之請矣。

至憲宗元和十一年，御史中丞崔從奏：

捉錢人等，比緣皆以私錢添雜官本，所防耗折，裨補官吏。近日訪聞商販富人，投身要司，依托官本，廣求私利。可徵索者自充家業，成逋欠者證是官錢，非理逼迫，為弊非一。今請許捉錢戶添放私本，不得過官本錢。勘責有剩，並請沒官。（文獻通考卷十九）

此亦並不反對官廨本錢收利之制，僅不許私本過官錢耳。較之唐初人議論，相去甚遠。

至元和十三年，有賈人張陟負五坊息利錢，五坊使楊朝汶取張陟私家簿記有姓名者，雖已償訖，悉囚捕重金償之，繫囚至數百人。朝臣競以為言，帝為杖殺楊朝汶。然此制終不革。白居易策林四十一議百司食利錢有云：

臣見百司食利，利出於人，日給而經費有常，月徵而倍息無已。然則舉之者無非貧戶，徵之者率是遠年，故私財竭於倍利，官課積於逋債。（全唐文六七一）

惟此猶近唐初正論也。又孫簡奏置本錢狀：

准赦書節文，量縣大小，各置本錢，逐月四分收利。（全唐文七六一）

則較前五分收息減少一分。至武宗會昌元年六月，戶部奏酌量增減諸司食料錢狀有云：

准正月九日赦文，放免諸司食利錢，每年別賜錢三萬貫文，充諸司公用。准長慶三年十二月九日敕賜諸司食利本錢共八萬四千五百貫文，四分收利，一年祇當四萬九百九十二貫文。緣置驅使官員，於人戶上徵錢，皆被延引，或人逃散失落，常不得足。雖有四分收利之名，而無三分得利之實。中書門下公事，不同諸司，請每月並舊錢添至三百貫文。其御史臺頻得報牒，稱本錢數多，支用處廣，雖有諸道贓罰，公用常不充足，今請每月合得利錢數外，每月更添至三百貫文。內侍省據自司報牒，稱省內公用稍廣，利錢比於諸司最多，今請於合得錢外，亦添至三

百貫文。兵部、吏部尚書等銓一十一司，緣有舊本錢，准敕放免，又有公事，今請每月共與一百五十貫文。（全唐文九七四）

是則官廨食利之制，直至唐末，迄未有改。

唐人服食修煉①

劉知古日月元樞論：

嘗見天下好道者，財竭不知貧，力盡不知困，深可哀也。莫不以鉛黃花與水銀相和燒之，謂之紫粉，或以朱砂、雄黃、水銀、硫黃、曾青、空青及諸礬、雲母等同合和蒸鍊煮煆而服之；或以諸礬、新碌、諸灰結水銀，名為紅銀，化為粉屑以服之。凡此衆類，制作多門，若修鍊如法，形氣不散，尚可愈人之疾，亦別無所益。若散失精華，空有滓惡，但能稍熱，更無所堪。或用藥汁以煮硫黃，澄濾以研成玉粉；或用硫黃以染銅葉，研鍊而成赤丹煮之。此於諸術之中，最為凡淺。至於砒霜以化銅鐵縮錫，此蓋為饑寒之徒，非道者所處也。（全唐文三三四）

① 編者按：此篇似為未成稿。

其文又論鍊法甚詳。

又薛曜服乳石號性論（全唐文二三九）篇中詳論服石之法。又韓愈故太學博士李君墓誌銘云：

遇方士柳泌，從受藥法，服之，往往下血，比四年，病益急，乃死。其法以鉛滿一鼎，按中為空，實以水銀，蓋封四際，燒為丹砂云。……工部尚書歸登，既食水銀得病，自說若有燒鐵杖自顛貫其下者，摧而為火，射竅節以出。狂痛號呼乞絶，其茵席常得水銀，發且止，唾血數十年以斃。殿中御史李虛中，疽發其背死。御史大夫盧坦死時，溺出血肉，痛不可忍。

唐人飲茶①

蕭穎士贈韋司業書：

碧天秋霽，風琴夜彈，良朋合坐，茶茗間進。（全唐文三二三）

又毋煚代茶餘序略：

釋滯銷壅，一日之利暫佳；瘠氣侵精，終身之累斯大。獲益則歸功茶力，貽患則不為茶災，豈非福近易知，禍遠難見？（全唐文三七三）

① 編者按：此篇亦似為未成稿。

記唐文人干謁之風

唐代士人干謁之風特盛，姚鉉唐文粹至專闢自薦書兩卷，而韓昌黎三上宰相書，乃獨為後世所知。考此風之盛，厥有數因。

昔孔叢子載子思告曾子曰：

時移世異，各有宜也。當吾先君，周制雖毀，君臣固位，上下相持，若一體然。夫欲行其道，不執禮以求之，則不能入。今天下諸侯，方欲力爭，競招英雄以自輔翼。此乃得士則昌，失士則亡之秋。伋於此時不自高，人將下吾；不自貴，人將賤吾。舜禹揖讓，湯武用師，非故相詭，乃各時也。（卷二居衞第七）

孔叢子雖偽書託辭，然戰國游士自高自貴之風，則抉發根源，言之甚析。隋唐以降，科舉進士之制新興，窮閻白屋之徒，皆得奮而上達。其先既許之以懷牒自列，試前又有公卷之預拔，采聲譽，觀素學，若不自炫燿，將坐致湮沉。皇甫湜答李生第二書謂：

近風教偷薄，進士尤甚，乃至有「一謙三十年」之說，爭為虛張，以相高自謾。詩未有劉長卿一句，已呼阮籍為老兵矣；筆語未有駱賓王一字，已罵宋玉為罪人矣。書字未識偏傍，高談稷、契；讀書未知句度，下視服、鄭。此時之大病。（全唐文卷六八五）

此正子思之所以語曾子者。且唐代進士及第，仍未釋褐，先多游於藩侯之幕。諸侯既得自辟署，故多士奔走，其局勢亦與戰國相近，不如西漢掾屬之視鄉評為進退。此有以長其干謁之風者一矣。且門第承蔭襲貴之風既漸替，其先我而達者，方其未顯，潦倒猶吾，凡所以激其競進之氣而生其攀援之想。此有以長其干謁之風者二矣。

其言之尤坦率而傾渴者，則有如王泠然之論薦書。書曰：

將仕郎守太子校書郎王泠然，謹再拜上書相國燕公（張說）閣下。昔者公之有文章時，豈不欲文章者見之乎？公未富貴時，豈不欲富貴者用之乎？今公貴稱當朝，文稱命代，見天下未富貴有文章之士，不知公何以用之？公一登甲科，三至宰相，是因文章之得用，於今亦三十年。後進之士，公勿謂其無人。長安令裴耀卿，於開元五年掌天下舉，擢僕高第。今尚書右丞王邱於開元九年掌天下選，授僕清資。二君若無明鑒，寧處要津？是僕亦有文章思公見也，亦未富貴思公用也。主上開張翰林，引納才子；公以傲物而富貴驕人，為相以來，竟不能進一善，拔一賢。今公富貴功成，文章命遂，惟身未退耳。僕見相公事方急，不可默諸桃李；公聞人之言或中，猶可收以桑榆。僕去冬有詩贈公愛子協律，有句云：「官微思倚玉，文淺怯投珠。」公且看此十字，則知僕曾吟五言，亦更有舊文願呈。如公用人蓋已多矣，僕之思用其來久矣。拾遺補闕寧有種？僕雖不佞，亦相公一株桃李也。願相公進賢為務，下論僕身求用之路，則僕當持舊文章而再拜來也。（全唐文二九四）

此已脅挾諂媚兼用，無所不至其極矣。而其與御史高昌宇書，言之尤淺迫而無蘊。書曰：

僕雖幼小，未閒聲律，輒參舉選。公既明試，量擬點額，今年春三月及第。往者雖蒙公不送，今日亦自致青雲。天下進士有數，自河以北，惟僕而已。光華藉甚，不是不知。僕困窮如君之往昔；君之未遇，似僕之今朝。因斯而言，相去何遠？君是御史，僕是詞人，雖貴賤之間，與君隔闊，而文章之道，亦謂同聲。試遣僕為御史，君在貧途，見天下文章精神氣調得如王子者哉。望御史今年為僕索一婦，明年為留心一官，幸有餘力，何惜些些？此僕之宿憾，心中不言，君之此恩，頂上相戴。儻也貴人多忘，國士難期，僕一朝出其不意，與君並肩臺閣，側眼

相視，公始悔而謝僕，僕安能有色於君乎！（全唐文卷二九四）

觀王氏此等文字，其意氣狀態，何異乎戰國縱横之策士？惟戰國諸侯分疆，而今則大唐一統。戰國重兵謀國策，今則惟文翰詩賦，僅此為異耳。至其歆富貴而尚術數，高自炫鬻，不羞陳乞，而必期於一得，則正二世之所同似也。（又卷三〇六有張楚與達奚侍郎書，卷三三一有王昌齡上李侍郎書，又卷三三二有房琯上張燕公書，皆可互看，不具舉。）

其尤恢奇自喜，直模倣戰國策士為文者，則有如袁參之上中書姚令公元崇書。書曰：

參將自託於君以重君。請以車軌所至，馬首所及，而掩君之短，稱君之長。若使君遭不測之禍，參請伏死一劍以白君寃。若使君因緣謗書，卒至免逐，則參以三寸之舌，抗義犯顔，解於闕廷。朝廷之士議欲侵君，則參請以直辭先挫其口，皆血次污其衣。使君千秋萬歲後，而君門闌卒有飢寒之虞，參請解裘推哺，終身奉之。參於君非有食客之舊，門生之恩，然行年已半春秋，金盡裘敝，唇腐齒落，不得成名，獨念非君無足依，故敢以五利求市於君。參亦非天下庸人也，厚利可愛，盛時難再。昔蒯人賣冰於市，客有苦熱者，蒯人欲邀客數倍之利，客怒而去，俄而冰散。今亦君賣冰之秋，而士買冰之際，有利則合，豈宜失時？願少圖之，無為蒯人之事也。（全唐文卷三九六）

與此書相類者，尚有任華告辭京尹賈大夫書，書曰：

昔侯嬴邀信陵君車騎過屠門，王生命廷尉結韈。僕所以邀明公枉車過陋巷者，竊見天下有識之士，品藻當世人物，或以君恃才傲物。僕故以國士報君，欲澆君恃才傲物之過而補君之闕。乃躊躇數日不我顧，意者恥從賣醪博徒遊者乎？昔平原君斬美人頭，造躄者門，賓客由是復來。今君猶惜馬蹄不顧我，僕亦恐君之門客，於是乎解體。（全唐文卷三七六。又任華尚有與京尹杜中丞書、與庾中丞書，又上嚴大夫箋；及卷四五二邵說上中書張舍人書；皆可互看，不具舉。）

此則其胸襟吐屬，全肖戰國策士，無怪乎安史一起，割據河朔，番將擅制，而中國謀士文人，馳騁服事其間，而恬不以為恥矣。李白與韓荊州書亦謂：

白隴西布衣，流落楚漢。十五好劍術，徧干諸侯。三十成文章，歷抵卿相。（全唐文卷三四八。又上安州裴長史書，可參看。）

此等意態，亦與戰國策士無異。此可見當時之士風世尚；而白之晚節不終，宜無足怪。至韓昌黎上宰相書，既一既二而不得意，乃至於三上，其書曰：

愈之待命四十餘日矣，書再上而志不得通，足三及門而閽人辭焉。古之士，三月不仕則相弔，故出疆必載贄，於周不可則去之魯，於魯不可則去之齊，於齊不可則去之宋、之鄭、之秦、之楚。今天下一君，四海一國，捨乎此則夷狄矣。故士不得於朝，則山林而已矣。山林者，不憂天下者之所能安也；如有憂天下之心，則不能矣。（全唐文卷五五一）

昌黎以安天下自負，又不肯事夷狄，此其所以異於人，而獨見為當時之孟子也。然昌黎之筆端心頭，則亦依然一戰國耳。此必下及趙宋，學者既嚴春秋夷夏之防，又盛尊師道，以聖賢自居，然後豪傑之士乃始有以自安於田野。故昌黎雖魁偉，猶不為宋賢所許；而李翺幽懷一賦，獨見折服。（見歐陽文忠集讀李翺文。）此亦可覘世態之變矣。

唐人干謁，其主既曰求祿仕，其次則曰求衣食。昌黎與李翺書謂：

僕在京城八九年，無所取資，日求於人，以度時月，當時行之不覺也。今而思之，如痛定之人，思當痛之時，不知何能自處也。（全唐文卷五五二）

其言沉痛乃爾！以昌黎之賢而不能免，蓋唐代門蔭之制，將墮未墮，寒士負家累，門庭食口，往往有多至數十百人以上者。苟非仕宦，凍餒不免，此亦助進唐人干謁之一端也。李觀與吏部奚員外書謂：

今甚痛者莫若羈旅，曷有帝城之下，薪如桂，米如瓊，僕人不長三四尺，而僦瘦驢以求食，有時不食，人畜間日曛黑未還，則令憂駭。一日不為則便失飧。又聞舉子其艱苦憔悴者，雖有鏗鍧其才，不如齧肥躍駿足黨與者，雖無所長，得之必駃。觀是以益憂之。昨者有放歌行一篇，擬動李令公邀數金之恩。不知宰相貴盛，出處有節，掃門之事不可復跡，俯仰吟惋，未知見由。今去舉已促，甚自激發，其有未知己者，大可畏也。俾未知之有聞，非十丈誰哉？鵬飛九萬，一日未易料耳。（全唐文卷五三二）

韓愈上考功崔虞部書亦謂：

今所病者，在於窮約，無僦屋賃僕之資，無縕袍糲食之給。（全唐文卷五五四）

而其殿中少監馬君墓誌則謂：

> 予初冠應進士貢在京師，窮不自存，以故人稚弟拜北平王於馬前。王問而憐之，因得見於安邑里第。王軫其寒餓，賜食與衣。（全唐文卷五六三）

寒士窮窘，長安居大不易，可以想見；而況於又有家族之累！鄭太穆上于司空頔書謂：

> 太穆幼孤，二百餘口，饑凍兩京，小郡俸薄，（太穆官至金州刺史。）尚為衣食之憂。溝壑之期，斯須至矣。伏維賢公賜錢一千貫、絹一千匹、器物一千事、米一千石、奴婢各十人。分千樹一葉之影，即是濃陰；減四海數滴之泉，便為膏澤。（全唐文卷六八三）

時太穆已為刺史，尚作衣食之乞，自稱家累二百餘口。此在當時亦未為少見，則毋怪寒士羈旅之不得不汲汲焉干謁請乞於貴達之門矣。

且唐代門第之制雖云漸替，而盛族衣冠之蔭，尚有存者。彼等皆以豪奢相尚。唐之官俸亦頗優饒，故貧富之相形尤顯。鄭太穆之請貸於于頔者，錢絹糧物皆以千計，又益之奴婢十人，所乞不可謂不奢，然仍謂是「千樹之一葉」。于覽太穆書，曰：

> 鄭君所須，各依來數一半，以戎旅之際，不全副其本望也。（此見唐語林卷四。）

韓愈與于襄陽書亦謂：

愈今者惟朝夕芻米僕賃之資是急，不過費閣下一朝之享而足也。（全唐文卷五五二）

李觀與房武支使書亦曰：

執事誠肯徹重味於膳夫，抽月俸於公府，實數子之囊，備二京之糧，則公之德聲日播千里，魯衞之客爭趨其門。（全唐文卷五三三）

此等貴門豪奢，貧富懸絕，又是足以激進當時干謁之風之又一端也。

符載上襄陽楚大夫書謂：

天下有特達之道，可施於人者二焉：大者以位舉德，其有自泥塗布褐，一奮而登於青冥金紫者也。次者以財拯困，其有自糲飯蓬戶，一變而致於膚梁廣厦者也。載羽毛頹弱，未敢辱公扶搖九萬之勢；家室空耗，敢欲以次者為節下之累。誠能廻公方寸之地，為小子生涯庇麻之所，移

公盈月之俸，為小子度世衣食之業。（全唐文卷六八八）

則坦白丐乞，若不知其有所不當矣。且載之陳乞，實不為空耗，乃慕豪縱。北夢瑣言稱其：

以王霸自許，恥於常調。居潯陽二林間，南昌軍奉請為副倅，授奉禮郎，不赴。命小僮持一幅上于襄陽，乞百萬錢買山，四方交辟，羔雁盈於山門。草堂中以女妓二十人娛侍，聲名藉甚，於時守常藉道者號曰「兇人」。

則見當時固不以此為卑鄙可羞。施者以為豪，乞者以為榮。直相與誇道稱說之而已。干謁請乞既成風尚，乃有公然稱人為丐，而施者受者皆夷然不以為怪者。杜牧送盧秀才赴舉序謂：

盧生客居於饒，年十七八，即主一家骨肉之饑寒。常與一僕，東泛滄海，北至單于府，丐得百錢尺帛，囊而聚之，使其僕負以歸。年未三十，嘗三舉進士，以業丐資家。今之去，余知其成名而不丐矣。（全唐文卷七五三）

然唐人之丐，固不因得舉成名而即止。杜牧上宰相求湖州第三啟謂：

某伏念骨肉悉皆早衰多病，常不敢以壽考自期。今更得錢二百萬，資弟妹衣食之地，假使身死，死亦無恨。湖州三考，可遂此心。（全唐文卷七五三）

又上宰相求杭州啟謂：

某一院家累亦四十口，作刺史則一家骨肉四處皆泰，為京官則一家骨肉四處皆困。今天下以江淮為國命，杭州戶十萬，稅錢五十萬，刺史有厚祿。（全唐文卷七五三）

又其為堂兄慥求澧州啟謂：

家兄今在郢州汨口草市，絕俸已是累年，孤外甥及姪女堪嫁者三人，仰食待衣者不啻百口，脫粟篙藿，才及一餐。（全唐文卷七五三）

此則明明以乞丐謀官職也。此等風氣既盛極一時，乃有起而謀禁者。太和三年四月中書門下請禁自薦求遷表謂：

近日人多干競，迹罕貞修，或日詣宰司自陳功狀，或屢瀆宸衷，曲祈恩波。（全唐文卷九六六）

是可證唐人干謁之風，實至晚而彌烈矣。

唐人此等風氣，蓋至宋猶存。直至仁、英以下，儒風大煽，而此習遂變。楊公筆錄記：

范文正在睢陽掌學，有孫秀才者，索游上謁，文正贈錢一千。明年，孫生復過睢陽，謁文正，又贈一千。因問：「何為汲汲於道路？」生戚然動色，曰：「母老，無以為養。若日得百錢，甘旨足矣。」文正曰：「吾觀子辭氣，非乞客也。二年僕僕，所得幾何，而廢學多矣。吾今補子學職，月可得三千以供養，子能安於學乎？」生大喜。

此所謂孫生，即泰山孫明復也。其後學風既盛，談道日高，學者退處，以束脩自給，以清淡自甘，以騖於仕進為恥，更何論於干謁之與請乞矣。司馬光答劉蒙書，謂：

足下以親之無以養，兄之無以葬，弟妹嫂姪之無以恤，策馬裁書，千里渡河，指某以為歸。且曰：「以鬻一下婢之資五十萬畀之，足以周事。」光雖竊託迹於侍從之臣，月俸不及數萬，爨桂炊玉，晦朔不相續，居京師已十年，囊楮舊物皆竭，安所取五十萬以佐從者之蔬糲乎？光家居食不敢常有肉，衣不敢純衣帛，何敢以五十萬市一婢乎？足下服儒衣，談孔顏之道，啜菽飲水足以盡歡於親，簞食瓢飲，足以致樂於身，而遑遑焉以貧乏有求於人，光能無疑乎？

蓋下迄宋世，門第之舊蔭既絕，朝廷之俸給亦轂，唐代士大夫豪華奢縱之習已不復存，而學者亦以清苦高節相尚，劉蒙乃猶效唐人之口吻以陳乞於當朝之大賢，是眞所謂不識時務之尤矣。至於宋代科舉考試規則之謹嚴，與夫及第即釋褐得祿仕，又政權集於中央，地方幕僚自辟署者亦少，此亦唐人干謁不得再行於宋世之諸緣也。

（民國三十年十二月責善半月刊二卷十九期）

記唐代文人之潤筆

昌黎集進王用碑文狀：

其王用男所與臣馬一匹，並鞍銜、白玉腰帶一條，臣並未敢受領，謹奏。

又有謝許受王用男人事物狀。又奏韓弘人事物表：

臣先奉恩敕撰平淮西碑文，伏緣聖恩以碑本賜韓弘等，今韓弘寄絹五百匹與臣充人事，未敢受領，謹錄奏聞。

又有謝許受韓弘物狀。又劉禹錫祭韓退之文：

公鼎侯碑，志隧表阡，一字之價，輦金如山。

李商隱書齊魯二生，謂：

劉乂持韓愈金數斤去，曰：「此諛墓中人所得耳，不若與劉君為壽。」

白居易修香山寺記：

元氏之老，狀其臧獲、輿馬、綾帛，洎銀鞍、玉帶之物，價當六、七十萬，為謝文之贄，來致於予。

又杜牧謝許受江西送綵絹等狀：

聖旨令臣領江西觀察使紇干眾所寄撰韋丹遺愛碑文人事綵絹三百匹。

又唐語林：

裴均之子求銘於韋相，許縑萬匹。貫之曰：「寧餓不苟。」

新唐書皇甫湜傳：

湜為裴度撰福先寺碑。度贈綵甚厚，湜大怒，曰：「碑三千字，字三縑，何遇我薄耶？」度笑，即餽以絹九千匹。

觀上諸稱引，可見唐代文人筆潤之優厚，然亦似是中、晚以後始然。至宋范祖禹元祐八年十二月辭潤筆劄子：

臣前奉勑撰故魏王神道碑，已具進。今月十四日，懷州防察使孝治與臣書，送臣潤筆銀二百兩，絹三百匹。臣翰墨微勤，乃其職業，豈可因公，輒受餽遺？

此則儼然仍是唐代遺風。然此等史料，在宋殊不多見，殆是唐、宋兩代社會經濟門第等別均已不同，故筆潤厚遺之事，亦不再覯耳。

唐代雕版術之興起

雕版術最先應始唐代，然若格致鏡原引陸深河汾燕閒錄謂：「隋開皇時敕廢像遺經，悉令雕版」，則實係誤字，不足據。史綱已略論之。然捨此以外，則言唐代雕版掌故者，必下至懿宗咸通、僖宗中和時。余讀全唐文卷六百二十四馮宿禁版印時憲書奏謂：

準敕禁斷印曆日版。劍南兩川及淮南道皆以版印曆日鬻於市，每歲司天臺未奏頒下新曆，其印曆已滿天下，有乖敬授之道。

云云。今按：馮宿貞元中進士，長慶中累轉太常少卿。敬宗立，改左散騎常侍，兼集賢殿學士。太和中歷工、刑、兵三部侍郎，拜東川節度使。開成元年卒，年七十。此奏不知在何年。即就開成元年論，亦下抵咸通九年，為近世敦煌石刻所發現金剛經之雕造年代逾三十年矣。其時印版時憲書已盛行於蜀中及淮南，而遍布於天下。此事似為考中國雕版印書源流者所未及，余著史綱時亦未之知，特補識於此。

又按：全唐文卷八百零八司空圖為東都敬愛寺講律僧惠確化募雕刻律疏謂：

今者以日光舊疏，龍象宏持，京寺盛筵，天人信受，□迷後學，競扇異端。自洛城罔遇時交，乃楚印本，（「楚」字司空表聖集作「焚」。）漸虞散失，欲更雕鏤。惠確無媿專精，頗嘗講授，所希再定不刊之典，永資善誘之方。必期字字鐫銘，種慧良（司空表聖集作「彗牙」。）而不竭；生生親眷，遇勝會而同聞。

此文亦見司空表聖集，題下附小字「印本共八百紙」云云。

今按：司空圖乃咸通中進士，據其文，洛陽重雕日光舊疏，前已有楚印本。是其年代亦當較敦煌金剛經為早。知唐代雕版印書，當先行於南方楚、蜀、淮南諸地，乃以時憲書及佛經等為先導也。

（民國三十年十二月責善半月刊二卷十八期，思親彊學室讀書記之十一。）

唐末望族

五代史卷三十五：

唐天祐三年，梁王欲以嬖吏張廷範為太常卿。唐宰相裴樞以謂太常卿，唐常以清流為之，廷範乃梁客將，不可。梁王大怒，曰：「吾常語裴樞純厚，不陷浮薄，今亦為此邪！」是歲，左僕射裴樞獨孤損、右僕射崔遠等皆以無罪貶，同日賜死於白馬驛。凡搢紳之士與唐而不與梁者，皆誣以為朋黨。坐貶死者數百人，而朝廷為之空。

今按：此即史所謂「白馬之禍」也。

通鑑：

李振言於朱全忠曰：「朝廷所以不理，良由衣冠浮薄之徒紊亂綱紀，不若盡去之。」全忠遂貶獨孤損等。自餘或門胄高華，或科第自進，居三省臺閣，以名檢自處，聲迹稍著者，皆指為浮薄，貶逐無虛日，搢紳為之一空。嗣於白馬驛，一夕盡殺之。初，李振屢舉進士，竟不中第，故深疾搢紳之士，言於全忠曰：「此輩常自謂清流，宜投之黃河，使為濁流！」全忠笑而從之。

唐鑑：

白馬之禍，至今悲之。然昭宗返自鳳翔，而全忠篡奪之勢已成，無愚智皆知之。樞乃其黨，被其薦引之為宰相，不恤國之將亡，方且晏安於寵祿。全忠之劫遷洛陽，昭宗未及下樓，樞受賊旨，以率百官出長安東門，昭宗卒以弒殞，而唐遂亡。長安與一太常卿孰重？國亡君弒與流品不分孰急？樞不惜長安以與全忠，乃惜一卿不與張廷範；不惜國亡君弒，而惜流品之不分，其愚豈不甚哉！白馬之禍，蓋自取之。

又按：中唐以來所謂進士浮薄者，本指流品言，謂其非門第出身，孤寒無根柢耳。不謂全忠乃並一切族望而浮薄斥之，則斯文掃地矣。讀史者於此，可以觀世變也。

五代史云：

唐末進士浮薄，至五代而益顯。

杜荀鶴賦詩曰：「同是乾坤事不同，雨絲飛灑日輪中；若教陰翳都相似，爭表梁王造化功。」遂大獲見知於朱溫。福建人徐夤下第，獻過梁郊賦，謂：「且說當今，休論往昔。昔時之事蹟誰見？今日之功名目覩。」可謂人間有羞恥事乎？一日朱溫息高柳樹下，妄謂柳樹可作車頭，諸客皆言柳樹好作車頭。遂命健兒五七十人，悉擒諛佞者，當面撲殺。此亦稍快人意也。

今按：裴樞雖依違，叛唐媚梁，然畢竟尚能爭一太常卿，如杜荀鶴、徐夤之徒，每下愈況，則到底浮薄者在科第尤甚於在門第也。蓋門第尚有以自恃，科第中人自顧孤微，更不足以抵此横流耳。

通鑑考異引皮光業見聞錄：

崔慎由開成時為翰林，寓直，忽中官來，曰：「奉太后中旨，命學士草廢立令。」慎由大驚曰：「某有中外親族數千口，列在搢紳，長行、兄弟、甥姪僅三百人，一旦聞此覆族之言，寧死不敢承命！」

此即門第所由與進士輕薄不同之一例，亦可見朱溫所由深忌門第族望心理之一端。

五代史補：

梁太祖恐唐室大臣不利於己，往往使人來探訪羣議，搢紳之士及禍甚衆。楊凝式父涉常不自保。涉嘗送傳國璽，凝式方冠，曰：「如千載之後云云何？」涉大駭，曰：「汝滅吾族！」凝式亦恐，即日遂佯狂，時人謂之「楊風子」。

楊涉父子雖與崔慎由事行若別，其為族大而多所顧忌則一也。

又按：唐之望族，至五代亦未全盡。五代史二十八唐臣傳：

莊宗在魏，議建唐國，而故唐公卿之族，遭亂喪亡且盡，以豆盧革名家子，召為行臺左丞相。革雖唐名族，而素不學問。莊宗已滅梁，革乃薦韋說為相。說，唐末為殿中侍御史，革以說能知前朝事，故引以佐己。而說亦無學術，徒以流品自高。

史又謂：

唐、梁之際，仕宦遭亂奔亡，而吏部銓文書不完，因緣以為姦利，至有私鬻告敕，亂易昭穆，

而季父、母舅反拜姪、甥者。（同上）

又謂：

韋說既登庸，復事流品，舉止輕脫，怨歸於革。（四句見薛史革傳。）革自為相，遭天下多故，而方服丹砂、鍊氣，以求長生。（同上）

據史所言，芻狗已陳，雖欲重用，不復靈矣。

又薛史卷九十三：

李專美之遠祖本出姑臧大房，與清河小房崔氏、北祖第二房盧氏、昭國鄭氏為四望族，皆不以才行相尚，不以軒冕為貴，雖布衣徒步，視公卿蔑如也。男女婚嫁，不雜他姓，欲聘其族，厚贈金帛始許焉。唐太宗曾降詔以戒其弊風，終莫能改。其間有未達者，必曰：「姓崔、盧、李、鄭了，餘復何求耶！」其達者則邈在天表，敻若千里，人罕造其門，浮薄自大，皆此類也。唯專美未嘗以氏族形於口吻，見寒素士大夫，恆恂恂如也，人以此多之。

則知唐人族望遺風，下迨石晉時，猶未全泯矣。

又薛史卷九十六：

劉遂清素不知書，但多計劃，判三司日，每給百官俸料，與判官議曰：「斯輩非盡有才能，多世祿之家，宜澄其汚而留其清者。」或對曰：「昔唐朝渾、郭、顏、段，每一赦出，以一子出身，率為常制；且延賞垂裕，為國美譚，未有因月給而欲沙汰，恐未當也。」羣論由此減之。

此云「世祿」，仍與族望有關；論者並引唐之渾、郭、顏、段為例，更知直至石晉時，世人心理仍重族望也。

五代之兵裝及兵數

五代史二五：

梁王景仁所將神威、龍驤、拱宸等軍，皆梁精兵，人馬鎧甲飾以組繡金銀，其光耀日，晉軍望之色動。周德威勉其衆曰：「此汴宋傭販兒，徒飾其外耳。其一甲直數十千，擒之適足為吾資。」

又梁有龍驤、神威、拱宸，皆武勇之士也。每一人鎧仗，費數十萬，裝以組繡，飾以金銀，人望而畏之。又梁龍驤軍以赤白馬為兩陣，旗幟鎧仗，皆如馬色。

又五代史五一：

唐明宗問范延光馬數，對曰：「騎軍三萬五千。」明宗撫髀歎曰：「吾兵間四十年，自太祖在太原時，馬數不過七千，莊宗取河北，與梁家戰河上，馬纔萬匹。今有馬三萬五千而不能一天下，吾老矣，馬多奈何！」延光因曰：「臣嘗計，一馬之費，可養步卒五人，三萬五千匹馬，十五萬兵之食也。」明宗曰：「肥戰馬而瘠吾人，此吾所媿也。」

又安重榮軍，鎧甲鞍轡皆裝以銀。是知五代騎兵供養極奢，而騎數則不多。

桑維翰疏：

契丹皆騎士，利在坦途；中國用徒兵，喜於隘險。趙魏之北，燕薊之南，千里之間，地平如砥，步騎之便，較然可知。

此乃當時晉、契丹軍力強弱一主因，亦當時重養騎兵一主因也。然五代徒兵之數則實可驚。太平治迹統類謂：

晉、漢以來，衛士不下數百萬。

其多至是。方輿勝覽：

孟蜀之兵垂十萬。

孟昶之降，有「十四萬人齊解甲」之句，則五代時蜀兵數亦復不少。通鑑唐莊宗克蜀，得兵三萬；孟知祥增蜀兵至七萬五千人。亂世兵數，愈後愈增，蜀雖一隅，可以例全國也。

鍾傳

五代史補：

鍾傳雖起於商販，尤好學重士，時江西士流有名第者多因傳薦，四遠騰然，謂之曰英明。

摭言：

江西節帥鍾傳，起於義聚，而孜孜以薦賢為急務，雖州里白丁，片文隻字，求貢於有司者，莫不盡禮接之。至於考試之辰，設會供帳，甲於治平。行鄉飲之禮，嘗率賓佐臨觀，拳拳然有喜色。復大會以餞之，筐篋之外，率皆資以桂玉，解元三十萬，解副二十萬，其餘皆不減十萬。垂三十載，此志未嘗稍息。時舉子者以公卿關節，不遠千里而求首薦，歲常不下數輩。

馬令南唐書：

宋齊邱，豫章人。其父誠為鍾傳副使，卒於任。時天下已亂，經籍道熄，齊邱獨好學，有大志。及鍾傳敗，齊邱乃東下。

又陸游南唐書：

徐延休依鍾傳於洪州。吳取江西，得延休，卒。二子鉉、鍇。

今按：江西文風，興於五代，而大盛於宋，下迄明代，冠於全國。鍾傳其人，世少知者，特為著其涯略焉。

鄭遨　陳陶

五代史一行傳：

遨與李振故善，振後事梁貴顯，欲以祿遨，遨不顧。後振得罪南竄，遨徒步千里往省之。其後徙居華陰，與道士李道殷、羅隱之友善，世目以為三高士。遨種田，隱之賣藥以自給，道殷有釣魚術，鈎而不餌。節度使劉遂凝數以寶貨遺之，遨一不受。又遨好飲酒弈棊，時時為詩章落人間，人間多寫以縑素，相贈遺以為寶，至或圖寫其形，玩于屋壁。其迹雖遠，而其名愈彰。

今按：宋興，陳摶、种放之徒起於華山，若遨與李、羅，蓋其前影矣。又遨與羅隱之聯句有云：

一壺天下有名物，兩個世間無事人。

則頗似康節。
陳陶隱洪州西山，許堅寓廬阜白鹿洞，毛炳亦入廬山，此則濂溪之先驅也。

李昪　劉隱父子　王審知　王建　高從誨

李昪

馬令南唐書：

羣臣咸謂江淮頻年豐稔，兵食既足，士樂為用，宜廣土宇。帝曰：「吾少長軍旅，見干戈之為民患甚矣。吾不忍復言兵革。」

釣磯立談：

烈祖每言：「百姓皆父母所生，安用爭城廣地，使之肝膽異處，膏塗草野？」又曰：「疆域雖分，生齒理一，橫生屠戮，朕所勿忍。」

江南野史謂其自握王權，至禪位，凡數十年，止一拒越師，蓋不得已。又釣磯立談：

烈祖初造唐，勞心五十餘年，須髮為之早白，其所以側席傾遲天下之士，蓋可謂無所不至者。然僅得宋齊邱、孫忌、李建勛等數人而已。

陸游南唐書：

區區江淮之地，有國僅四十年，而後世追考，猶為國有人焉。蓋自烈祖以來，傾心下士，士之避亂失職者，以唐為歸。烈祖於宋齊邱，字之而不敢名。齊邱一語不合，則絜衣笥，望秦淮門欲去，追謝之乃已。元宗接羣臣如布衣交，間御小殿，以燕服見學士，必先遣中使謝曰：「小疾不能著幘，欲冠帽可乎？」

今按：五代雲擾，學術文治，稍存其殘緒於南方，以資興宋之基者，南唐之功為尤大。若李昇者，誠未可以偏國之主而輕之也。

宋會要：

太祖開寶九年，江南平，籍其圖書，得二萬餘卷，送史館。偽國皆聚典籍，惟吳、蜀為多，而江右頗精，亦多修述。

此皆承南唐之遺風也。

劉隱父子

五代史六十五：

劉隱父子起封州，遭世多故，數有功於嶺南，遂有南海。隱復好賢士。是時天下已亂，中朝士人以嶺外最遠，可以避地，多遊焉。唐世名臣謫死南方者，往往有子孫；或當時仕宦遭亂不得還者，皆客嶺表。王定保、倪曙、劉濬、李衡、周傑、楊洞潛、趙光裔之徒，隱皆招禮之。

王審知

五代史六十八：

王審知雖起盜賊，而為人儉約，好禮下士。王淡，唐相溥之子；楊沂，唐相涉從弟；徐寅，唐時知名進士，皆依審知仕宦。

薛史謂：

審知起自隴畝，以至富貴，每以節儉自處。選任良吏，省刑惜費，輕徭薄斂，與民休息，三十年間，一境晏然。

五代史六十八又謂其：

建學四門，以教閩士之秀者。

淳熙三山志謂其：

聚書建學，以養閩士之秀。

福建學風至宋大盛，王審知亦為有功。

王建

五代史六十三：

蜀恃險而富，當唐之末，士人多欲依建以避亂。建雖起盜賊，而為人多智詐，善待士，故其僭號，所用皆唐名臣世族。

史又謂：

王建少無賴，以屠牛、盜驢、販私鹽為事，里人謂之「賊王八」。

然其有蜀，文物勝於北方之汴晉，雖非其功，亦不可沒。

宋會要：

太祖乾德三年九月，命右拾遺孫逢吉往西川，取偽蜀法物、圖書、經籍、印篆赴闕。至四年來上，法物不中度，悉毀之；圖書付史館。

又蜀鑑：

昔先正呂汲公之敍華陽國志也，其言曰：「自先漢至晉初，踰四百歲，士女可書者四百人，亦可謂眾矣。復自晉初至於周顯德，僅七百歲，而史所紀者無幾人。」

蜀地早得北方文教，其士風衰退，則時代使然；然當五季時，要不失為一塊安樂土也。

高從誨

五代史六十九：

荆南地狹兵弱，介於吳、楚為小國。其後南漢與閩、蜀皆稱帝，高從誨所嚮稱臣，蓋利其賜予。俚俗語謂奪攘苟得無媿恥者為「賴子」，猶言無賴也，故諸國皆目為「高賴子」。

是荆南於諸國間最不足道。然宋會要：

太祖乾德元年，平荆南，詔有司盡收高氏圖籍以實三館。國初三館書裁數櫃，計萬三千餘卷。

云云。則高氏亦尚為有功斯文者。

五代之時，史謂「天地閉，賢人隱」，然兩宋江南文物，已遠始於茲。故稍就史籍，著其保培之有功者，自鍾傳以下，粗勸亂世有治土之責者。

五代時之書院

五代之際，眞所謂「天地閉，賢人隱」，極亂離黑暗之時矣。然有為後世中國文化大貢獻者二事焉：一曰雕版術之推行，二曰書院制度之萌芽是也。此二事雖遠溯其源皆始唐代，然當五代時之演進，要不可謂其無功於後起。

言書院者必先及白鹿洞及應天書院，而應天書院曹誠之與戚同文，尤為言宋代學術者所必舉。此固無煩再論，而余讀當時載籍，書院制之演進，尚有可得而略指者。如歐史載：

石昂，青州臨淄人，家有書數千卷，喜延四方之士，士無遠近多就昂學問，食其門下者或累歲。

玉堂閒話載：

宜春郡民章乙，其家以孝義聞，數世不分異，諸從同爨，所居別墅有亭屋水竹，諸子弟皆好善積書，往來方士、高僧、儒生、賓客至者，皆延納之。

此雖無書院之名，實即書院之濫觴也。至如厚德錄記：

竇禹鈞，范陽人，家惟儉素，無金玉之飾，室無衣帛之妾，於宅南建書院四十間，聚書數千卷，禮文行之儒，延致師席。凡四方孤寒之士，無供須者，公咸為出之。無問識與不識，有志於學者，聽其自至。由公之門登貴顯者前後接踵。

樂善錄亦載其事，此則明有「書院」之稱矣。亦有稱「學院」者，如洛陽搢紳舊聞記載：

安中令長子守忠，溫和多禮，善接下，廣延儒士，厚以衣食奉之，由是賓客學院中常有數十人。食客冬春散衣，無不及者。守忠在洛下，畜馬數十匹，有時欲出，左右以後槽無馬對。問之，曰：「早來被一隊措大亂騎去。」守忠斂容曰：「不得無禮稱他諸秀才『措大』，如此即喫杖。待秀才迴來有馬到即報。」廣聚書籍，有西齋之數焉。

此稱「學院」，其實即書院也。

亦有稱「書樓」與「家塾」者。如馬令南唐書載：

有五代同居者七家，其尤者江州陳氏，建書樓於別墅，以延四方之士，肄業者多依焉，鄉里率化。

陸游南唐書亦記其事云：

陳褎，江州德安人，十世同居，長幼七百人，不置奴婢，日會食堂上，男女異席，未冠笄者又為一席。築書樓延四方學者，鄉鄰化其德。

而湘山野錄則謂：

江州陳氏長幼七百口，不畜僕妾。別墅建家塾，聚書延四方學者，伏臘皆資焉。江南名士，皆肄業於其家。

是知「家塾」與「書樓」，一實兩名，亦即「書院」也。

亦有稱「書堂」者，如江表志載：

元宗名景，父烈祖在吴朝為太子諭德，後累居丞相，常於廬山構書堂，有物外之意。

此李昪之「書堂」，雖當時記載未明言其亦延納四方學士賓客與否，要之亦書院之一體矣。

然則當時書院制度皆屬私家事，分別言之，則有兩端：一曰「藏書」，一曰「好客」。其家既多聚書籍，又樂延納賓客，使得漁獵遊息於其間，則即當時之書院矣。馬令南唐書又載：

魯崇範，廬陵人，烈祖初建學校，丁亂世，典籍多闕，旁求諸郡。崇範雖窶，九經子史世藏於家，刺史賈皓就取進之，薦其名，不報。皓以己緡償其直，崇範笑曰：「墳典天下公器，世亂藏於家，世治藏於國，其實一也。吾非書肆，何估值以償耶？」卻之。

蓋魯君雖家有藏書，而其人既窶，無力延納，不能供遊士，即亦不足當書院。

觀於上述，五代雖黑暗，社會文化傳統未絶，潛德幽光，尚數數見，宜乎不久而遂有宋世之復興也。

（民國三十年十二月責善半月刊二卷十八期）

戚同文與范仲淹

宋史新編及宋元學案謂范仲淹曾依戚同文從學，國史大綱已辨其誤，茲再錄宋會要一則以證。會要云：

大中祥符二年二月十四日詔：「應天府新建書院，以府民曹誠為本府助教。」國初有戚同文者，通五經書，高尚不仕，聚徒教授，常百餘人，故工部侍郎許驤，侍御史宗度，度支員外郎郭承範、董循，右諫大夫陳象輿，屯田郎中王礪，太常博士滕涉，皆其門人。同文卒後，無能繼其業者。同文有子二人：維為職方員外郎，綸為龍圖閣待制。至是誠出家財，即同文舊居建學舍百五十間，聚書千五百餘卷，願以學舍入官，令同文孫奉禮郎舜賓主之，召明經藝者講習。本府以聞，故有是命，並賜院額，仍令本府職事官提舉。

據是則仲淹至睢陽，實與同文之孫同時也。

（本篇與以下七篇，曾以讀史隨劄八則為題發表於一九七一年十二月史學彙刊第四期。）

范仲淹與孫復

宋人小說，極有不可信者。楊公筆錄：

范文正在睢陽掌學，有孫秀才者，索遊上謁，文正贈錢一千。明年，孫生復過睢陽，謁文正，又贈一千。因問：「何為汲汲於道路？」生戚然曰：「母老，無以為養。」文正曰：「觀子辭氣，非乞客也。二年僕僕，所得幾何？我今補子學職，月可得三千以供養，子能安於學乎？」生大喜。於是授以春秋，孫生篤學不捨。明年，文正去睢陽，孫生亦辭歸。後十年，聞泰山有孫明復先生，以春秋教授學者，道德高邁。朝廷召至，乃昔日索遊孫秀才也。

全氏學案疑其說，謂：

本傳言文正實薦先生入國子，此所云朝廷召至，文正乃知之者謬。

今按：景祐元年，文正自睦州徙蘇州，有與孫明復書云：「正初奉邀，東門之別」云云，時去文正初掌睢陽府學僅九年，二人交遊甚密，豈有楊氏筆錄之說邪？

又按：文正尺牘有與睢陽戚寺丞云：

有孫復秀才者，一志於學，方之古人，不知歲寒，何以為褐，非我長者，其能濟乎？擬請伊三五日暫詣門館，惟明公與丁侯裁之。

此即楊公筆錄前一段之來源也。

又按：東都事略：

公以孫明復居泰山，著春秋尊王發微，得經之本義為多，學者皆以弟子事之。公言其道德、經術，宜在朝廷；召拜國子監直講。

此事在慶曆二年十一月，上距文正在睢陽，則已十六年矣。

宋初社會

太宗淳化五年正月上元節，帝御樓賜從臣宴，詔宰相呂蒙正曰：「晉漢兵亂，生靈凋喪殆盡，當時謂無復太平之日矣。朕躬覽庶政，萬事粗理，每念上天之貺，致此繁盛，乃知理亂在人。」蒙正避席曰：「乘輿所在，士庶走集，故繁盛如此。臣嘗見都城外不數里，饑寒而死者甚衆，未必盡然。願陛下視近以及遠，蒼生之幸也。」同列咸多其伉直。又至道三年，田錫上疏：

臣見銀臺司諸道奏報，自九月初至冬節前，申奏盜賊，據其可言者：九月四日施州奏：「羣賊四百餘人，驚劫人戶。」十月七日，滑州奏：「有賊四十餘人，過河北。」十五日，衛州奏：「有賊七十餘人過河北。」十九日，絳州奏：「垣縣賊八十餘人殺縣尉。」西京奏：「十月二十三日，有賊一百五十人入白波白馬都監廨署，並劫一十四家，至午時，奪舟往垣曲，至河陽、鞏縣界。」濮州奏：「羣賊入鄄城縣。」單州奏：「羣賊入歸恩指揮營。」濟州奏：「羣賊劫金鄉、鉅野縣郭十九家。」永興軍奏：「虎翼軍賊四十餘人劫永興南莊。」今月（十一月）二日，西京奏：「王屋縣賊一百餘人，白高渡潰散軍賊六十餘人。」七日，陝府奏：「集津鎮羣賊六十餘人，並驚刼人戶，至午時乘船下去。峽石縣羣賊自河北渡過河南。」八日，西京奏：「草賊見把截土壕鎮，官私往來不得。」豈有京師咫尺，而羣盜如此；邊防寧靜，而叛卒如是？

今按：是時去太祖建隆開國已三十八年矣，翌年，即眞宗之元年，宋初太祖、太宗兩代之社會狀況，可以推見。

宋初墮城郭

眞宗咸平三年，濮州有盜夜入城，王禹偁奏疏：

五季亂離，各據城壘，繕治兵甲，豆分瓜剖，七十餘年。太祖、太宗削平僭偽，當時議者，乃令江、淮諸郡毀城隍，收兵甲，撤武備者三十餘年。書生領州，大郡給二十人，小郡減五人，以充常從。號曰長吏，實同旅人；名為郡城，蕩若平地。雖則尊京師而抑郡縣，為強幹弱枝之術，亦匪得其中道。今江、淮諸郡，大患有三：城池墮圮，一也；甲仗不完，二也；兵不服習，三也。

今按：據禹偁此奏，可悟宋初地方刼盜蠭起之背景，雖不盡由於毀城去兵，而毀城去兵要為當時社會不靖一要因也。

宋代之地方官

歐陽居士集一〇一論京西官吏非人乞黜按察使陳洎等劄子，（事在慶曆三年。）大意謂：

竊見近日賊人張海等入金州，刼卻軍資甲仗庫，蓋為知州王茂先年老昏昧，所以放賊入城。及張海等到鄧州，順陽縣令李正己用鼓樂迎賊入縣飲宴，留賊宿於縣廳，恣其刼掠。

又論捕賊賞罰劄子，（事在慶曆三年。）大意謂：

臣伏見方今天下盜賊縱横，王倫、張海等所過州縣，縣尉、巡檢有迎賊飲宴者，有獻其器甲者，有畏懦走避者，有被其驅役者。

又論光化軍叛兵家口不可赦劄子，（慶曆三年。）大意謂：

只如淮南一帶，官吏與王倫飲宴，率民金帛獻送，開門納賊，道左參迎。苟有國法，豈敢如此！而往來取勘，已及半年，未能斷遣。古者稱罰不踰時，所以威激士眾，今遲緩如此，誰有懼心？遂至張海等，官吏依前迎奉，順陽縣令李正已延賊飲宴，宿於縣廳，恣其劫掠，鼓樂送出城外。其人敢如此者，蓋為不奉賊則死，不奉朝廷則不死，所以畏賊過於畏國法。

又居士集九七論江淮官吏劄子：（慶曆三年。）

臣聞昨來江、淮官吏，或斂物獻送，或望賊奔迎，或獻兵甲，或同飲宴。臣謂王倫一叛卒，偶肆猖狂，而官吏敢如此者，蓋知賊可畏而朝廷不可畏也。

又居士集九八再論王倫事宜劄子：（慶曆三年。）

臣竊見王倫所過楚、泰等州，知縣、縣尉、巡檢等，並不鬭敵，卻赴王倫茶酒，致被奪卻衣甲。

又居士集九八論沂州軍賊王倫事宜箚子：（慶曆三年。）

臣近聞沂州軍賊王倫等，殺卻忠佐朱進，打劫沂、密、楊、泗、楚等州，邀呼官吏，公取器甲，橫行淮海，如履無人。比至高郵軍，已及二三百人，皆面刺『天降聖捷指揮』字號，其王倫仍衣黃衫。據其所為，豈是常賊？

又謂：

竊知王倫在沂、密間，只有四五十人；及至高郵，已二三百人；皆是平民，被其驅脅。

今按：仁宗慶曆時，距宋開國已逾六十年，已入宋代治平盛世，而地方盜賊及官吏之情勢如此。王荊公桂州新城記謂：

儂智高反南方，出入十有二州。十有二州之守吏，或死或不死，而無一人能守其州者，豈其材皆不足歟！蓋夫城郭之不設，甲兵之不戒，雖有智勇，猶不能以勝一日之變也。唯天子亦以謂任其罪者，不獨守吏，故特推恩褒廣死節，而一切貸其失職。

又祕閣校理丁君墓誌銘：

「儂智高反，……敺未嘗戰之卒，臨不可守之城，以戰虎狼百倍之賊。議今之法，則獨可守死耳；論古之道，則有不去以死，有去之以生。

云云。此可謂探本之正論也。居士集一百十二亦有舉丁寶臣狀，（嘉祐四年。）為之申雪，則雖歐公力主懲地方官吏以嚴法者，亦知其不可以一概盡矣。

歐陽修與狄青

文忠集一〇二論乞不勘狄青侵公用錢劄子，事在慶曆三年，大意謂：

臣伏見國家兵興以來五六年，所得邊將，惟狄青、种世衡二人而已。……臣料青本武人，不知法律，縱有使過公用錢，必不似葛宗古故意偷謾，不過失於點檢，致誤侵使而已。……如青者無三兩人，可惜因些小公用錢，於此要人之際，自將青等為賊拘囚。……臣於邊臣本無干涉，豈有愛憎？但慮勘官只希朝廷意旨，不顧邊上事機，將國家難得之人，與常人一例推鞫。

又文忠集一〇五論水洛城事宜乞保全劉滬等劄子，事在慶曆四年，前後共兩劄，大意謂：

臣近風聞狄青與劉滬爭水洛城事，枷禁滬等奏來。竊以邊將不和，用兵大患，況狄青、劉滬皆是可惜之人，事體須要兩全，利害最難處置。

又云：

滬與狄青、尹洙已立同異，難使共了此事。臣謂必不得已，寧移尹洙，不可移滬。尚慮議者必謂不可因小將而動大將，今若但移洙而不動狄青，即不是特移大將矣。

又曰：

大凡文武官常以類分，武官常疑朝廷偏厚文臣。假有二人相爭，實是武人理曲。然武人亦不肯服，但謂執政盡是文臣，遞相黨護，輕沮武士。況今滬與洙爭，而滬實有功效，其理不曲，若曲罪劉滬，則沿邊武臣，盡皷怨怒。

又文忠集一〇九論狄青劄子，事在至和三年，大意謂：

樞密使狄青，出自行伍，號為武勇。自用兵陝右，已著名聲；及捕賊廣西，又薄立勞效。自其初掌機密，進列大臣，當時言事者已為不便。今三四年間，雖未見其顯過，然而不幸有得軍情之名。推其所因，蓋由軍士本是小人，面有黥文，樂其同類，見其進用，自言「我輩之內，出得此人」，既以為榮，遂相悅慕；加又青之事藝，實過於人，比其輩流，又粗有見識；是以軍士心共服其材能。國家從前難得將帥，經略招討，常用文臣，或不知軍情，或不閑訓練，自青為將領，……頗以恩信撫士。……今之士卒，不慣見如此等事，便謂「須是我同類中人，乃能知我軍情，而以恩信撫我」。……青本武人，不知進退，近日以來，訛言益甚。或言其身應圖讖，或言其宅有火光，道路傳說，以為常談。……惟願陛下早聞而省察之。

云云。

今按：通觀文忠前後諸劄，其關涉狄青者，亦大臣公忠體國，斟酌盡宜之意。若回顧唐末五代以來軍人跋扈之往鑑，以及宋代士兵黥面入伍不與庶民等視之惡例，則文忠論狄青劄子，在當時亦自有其不得已之苦心。又臨川集九十王德用行狀：

始，人或以公威名聞天下，而狀貌奇偉，疑非人臣之相。御史中丞孔道輔，因以為人言如此，公不宜典機密，在上左右。天子不得已，以公為武寧軍節度使。

云。正與文忠論狄青事一例。陳橋驛之噩夢，宋人實未嘗能一日忘懷，論史者亦當體諒前人心事，庶可持平。若一以後代心胸橫議古人事迹，則歐、孔之見，自覺其不可為訓耳。

陳次升論新法

陳次升讜論集上徽宗論修神宗實錄，凡四疏，當在徽宗初立未改元時，大意謂：

神宗皇帝聰明英睿，超絶古今，熙寧、元豐間，勵精庶政，更新百度，盡出宸斷，而執政大臣，但奉行而已。安石日錄多稱己善，謂一時制作，皆自己出，矯詞託訓，厚誣天下。

又謂：

神宗皇帝在位十有九年，其道德之妙，不可得而名，所見於政事者，特緒餘而已。史院官附會執政蔡卞，用故宰相王安石日錄，變亂事實，熙寧、元豐間，聖作之善者，悉歸功於安石，朝廷時政記則略而不用。

按：次升為太學生時，即斥王安石字說為秦學，見黜於神宗時。徽宗立，復召回，為右諫議大夫，不久即除名編管。建議鯁切，為時所憚，力彈章惇、蔡京、蔡卞、曾布諸人；而其言神宗新政，頗有持平；亦考論當時政治眞相者所當注意也。

劉元城論荆公

元城語録論荆公云：

金陵執政，雖天下之人羣起攻之而不可動者，蓋有八個字，曰「虚名實行，強辯堅志」。當時天下之論，以金陵不作執政為屈，此虚名也。平生行止無一點涴，論者雖欲誣之，人主信乎？此實行也。論議人主之前，貫穿經史今古，不可窮詰，故曰強辨。前世大臣，欲任意行一事，或可以生死禍福恐之得回，此老實不可以此動，故曰堅志。此法所以必行也。故得君之初，與主上若朋友，一言不合己意，必面折之，反覆詰難，使人主伏辨乃已。

今按：元城此條，剖析荆公當日志節性行，最為允帖。荆公上仁宗皇帝書有云：

臣又觀朝廷異時欲有所施為變革，其始計利害，未嘗熟也。顧有一流俗僥倖之人不悦，而非之，則遂止而不敢。夫法度立則人無獨蒙其幸者，故先王之政，雖足以利天下，而當其承弊壞之後，僥倖之時，其刱法立制，未嘗不艱難也。以其刱法立制，而天下僥倖之人，亦順說以趨之，無有齟齬，則先王之法至今存而不廢矣。惟其刱法立制之艱難，而僥倖之人不肯順悅而趨之，故古之人欲有所為，未嘗不先之以征誅而後得其意。

此處所謂「異時」，即指慶曆變政言，此荊公所以堅志不屈也。又百年無事劄子：

本朝累世因循末俗之弊，而無親友羣臣之議，人君朝夕與處，不過宦官女子；出而視事，又不過有司之細故；未嘗如古大有為之君，與學士大夫討論先王之法，以措之天下也。一切因任自然之理勢，而精神之運，有所不加，名實之間，有所不察。

又詳定十二事議：

朝廷必欲大修法度，甄序人才，則以至誠惻怛求治之心，博延天下論議之士，而與之反復，必有至當之論，可施於當世。凡區區變更而終無補於事實者，臣愚竊恐皆不足為。

此元城所謂「與主上若朋友，一言不合必面折之，反覆詰難，使主君伏辨乃已」者。此乃荊公深得古大臣之體，而亦其最可愛之點。此後象山荊公祠堂記即專就此層申論之，可為能見其大也。又魏鶴山師友雅言言：

口率出泉，康成以漢制解經，三代安有口賦？又如「國服為息」，「息」字凡物之生歇處，康成引莽法以注「息」字。古人原不取民以錢，土地所出原無錢，介甫錯處，盡是康成錯處。歐、蘇以前，未嘗有人罵古注，承其注以至此。

又周禮折衷云：

周禮國服之法，鄭康成直以王莽二分之息解之。此自誤引，致得荊公堅守以為成周之法。當時諸老，雖攻荊公，但無敢自康成處說破，推原其罪者。

今按：新莽之政，本亦根據周官。雖春秋以前，誠無口賦，誠不取民以錢，然此等乃經生之見耳，又豈足以折服元城所謂「貫穿經史今古不可窮詰」之荊公哉！至於荊公人品之高潔，則雖至南渡，朱子尚亟稱之，則其虛名亦非浪得。然荊公終以新法致敗，後之治史者，正當從此處細心推籀。

若尚意氣，一意譏斥元祐諸儒，以為罪盡在彼，則最多亦只屬快意之論而已。既不足以考見當時之情實，亦不足以長讀史之識見也。

校勘非校字①

今人治校勘之學者，率以多覓異本，校對異文為務。不知此特校勘之始事耳；若論取捨從違，正大有出入。否則一校對之工已得，不復有所謂校勘之學矣。

韓詩古意：

太華峯頭玉井蓮，開花十丈藕如船，冷比雪霜甘比蜜，一片入口沉痾痊。我欲求之不憚遠，青壁無路難夤緣，安得長梯上摘實，下種七澤根株連。

方崧卿以唐本作「五月壁路難攀緣」，云：

① 編者按：本篇若干例證，作者曾採入後撰朱子與校勘學一文中。該文已收入甲編學籥；後又改題朱子韓文考異，附入甲編朱子新學案第五册；讀者可參看。

鮑溶集有陪公登華山詩，蓋五月也。

朱子韓文考異曰：

公此詩本以「古意」名篇，非登山紀事之詩也。且太華之險，千古屹立，所謂「削成五千仞」者，豈獨五月然後難攀緣哉？若以句法言之，則「五月壁路」之與「青壁無路」，意象工拙又大不侔，亦不待識者而知其得失矣。方氏泥於古本，牽於旁證，而不尋其文理，乃去此而取彼，其亦誤矣。原其所以，蓋緣「五月」本是「青」字，唐本誤分為二，而讀者不曉，因復削去「無」字，遂成此謬。今以諸本為正。

此處方氏從唐本，又得旁證，而朱子不之從，是一例也。

又赤藤杖歌：

浮光照手欲把疑。

諸本同。方獨從蜀本，作「照把欲手疑」，云：

朱子曰：

檀弓有「手弓」，列子有「手劍」，史記有「手旗」，義同此；諸本多誤。

方說「手」義固為有據，然諸本云「照手欲把」，則是未把之時，光已照手，故欲把而疑之也。今云「照把」，則是已把之矣，又欲手之，而復疑之，何耶？況公之詩衝口而出，自然奇偉，豈必崎嶇偪仄，假此一言而後為工乎？大抵方意專主奇澀，故其所取多類此。

此處方氏有蜀本為據，又旁證之於檀弓、列子、史記，而朱子不之從，可見異本未可盡信，多證未必即確。校勘之難，正難在此。

又鄆州谿堂詩並序：

惟鄆也截然中居，四鄰望之，若防之制水，恃以無恐。

閣、杭、蜀及諸本皆有「四鄰望之」一句，方從石本刪去。朱子曰：

今按文勢及當時事實，皆當有此句。若其無之，則下文所謂「恃以無恐」者，為誰恃之邪？大凡為人作文，而身或在遠，無由親視摹刻，既有脫誤，又以毀之重勞，遂不能改。若此者，蓋親見之，亦非獨古為然也。方氏最信閣、杭、蜀本，雖有謬誤，往往曲從。今此三本，幸皆不誤，而反為石本脫句所奪，甚可笑也。

今人治校勘，最喜信石拓，觀朱子所論，石拓又豈盡可恃者？其他朱子論石本不可恃，尚見其例於盤谷序、南海廟碑、劉統軍碑、水門記、李元賓墓銘諸篇，茲不詳舉。

又進撰平淮西碑文表：

今詞學之英，所在麻列。

「麻」，或作「成」。方從閣、杭、苑、李、謝本。朱子曰：

作「麻」殊無理。疑此本是「森」字，誤轉作「麻」。後人見其誤而不得其說，乃改作「成」耳。且公答孟簡書，亦有「森列」之語，可考也。方氏固執舊本，定從「麻」字，舛繆無理，不成文章，固為可怪。然幸其如此，存得本字，使人得以因疑致察，遂得其眞。若使廢「麻」而直作「成」字，則人不復疑，而本字無由可得矣。然則方本雖誤，而亦不為無功。但不當便以為是，而直廢它本，不復思索參考耳。今以無本，亦未敢輕改，且作「麻」字，而著其說，使讀為「森」云。

今按：此則無本可據，而徑立一說，乃犯校勘學家之大忌，然朱子不之忌也。今人復亦有輕妄立說，勇改舊文者，若以朱子為口實，朱子豈任其咎？故知校勘之學，未易輕談。好聚異本校異字者，苟能細心一讀朱子韓文考異，或可稍知其事之艱難。若未望清儒校勘考據之門牆，而遽高談宋學空疏，則又當別論耳。

江蘇人物略說

此文乃根據一種統計而作。任何一種統計，均不免有疏略不精確之處，但就大體言，統計數字，總可表現出若干客觀的內涵意義。

此文乃就清代嘉慶一統志所載各省區歷代人物作統計，浙江、江蘇兩省地域面積，於各省區中為最小，而人物數量，則浙江居第二位，江蘇居第三位。此兩省，可謂是中國史上人物出生最盛之區域。

分代計之，江蘇一省，共得人物一千三百餘名；而自宋以下，占九百九十二名之多，已達全數七分之五強。可見江蘇人物，後盛於前。自宋以下，始在歷史上占有重要之地位。

其尤盛則在明、清兩代。據表，明代人物數量，當以江蘇為第一位。清代四川居首位，江蘇次之。然若論其人物之著名與重要性，則清代江蘇人物，實應遠在四川之上。

惟江蘇人物之盛，固在自宋以下，而即論古代，江蘇亦有傑出人物，在當時堪居第一流地位者，如春秋時代之吳季札，即其一例。

尤其在西漢之初，高祖崛起豐沛，一時從龍之士，如蕭何、曹參、樊噲、夏侯嬰、周勃、周苛、周昌、王陵、任敖、陸賈、朱建、季布、韓信，皆屬徐、淮兩府人物。可謂西漢開國，其事多半操縱於江蘇人之手。西漢一代既在中國全史過程中有莫大之關係與影響，則江蘇人物，其在中國史上地位之重要，亦間接可想矣。

越後三國鼎跱，孫堅父子開創吳國，雖籍隸浙江之富春，然吳臣之重要者，則以江蘇人物為主。舉其著者，前有顧雍，後有陸遜；其他不可勝舉。則可謂孫吳建國，江蘇人物亦占重要之地位。典午渡江，江蘇人物，仍不失為東晉、南朝之楨幹。而劉裕開國，又以江蘇人躍居帝位。雖曰偏安之局，要亦是中國歷史上之元首人物也。齊、梁二蕭氏，亦當算是江蘇人物。惟陳霸先籍隸浙江吳興。然則南朝六代，江蘇人物開國稱帝者，實居三代矣。

是則江蘇人物，就數量言，固是後盛於前。若論其在中國歷史上所占之地位，則前期之重要性，實並不見弱於後期。

以地理言，江蘇顯可以長江劃分為南北兩區。人物產生，江南以蘇、常兩舊府為盛，江北則以徐、揚兩舊府為主。若分府統計，常州人物最盛，居第一位。蘇州次之，徐州居三，揚州居四；依次為松江、鎮江、江寧、淮安、太倉、通州、海州。是江蘇人物，顯然南盛於北。

若分縣計之，則吳縣居第一位，此兼長洲、元和計。無錫居次，兼金匱計。華亭第三。此諸縣皆在江南。

徐州一府人物之盛，則因西漢、劉宋兩代之開國。若抹去此兩代，徐府人物，亦復寥寥。揚州一府人物之盛，則主要亦在宋、明、清三代。若以人文風氣言，揚州當與江南轉近，與徐、淮近中原者轉遠。然則江蘇人物在地域上之南盛於北，與其在歷史上之後盛於前，實乃一事之兩面。

若以淮、徐兩府劃入淮河流域，以揚州一府劃入長江流域，則江蘇人物，顯然是產生於長江流域者遠盛於淮河流域。而江蘇一省長江流域人物之大盛，其事當始於宋以下，此則大概可指者。

因地理形勢之不同，而人物典型亦顯有別。大抵南方江域，美秀而多文；北方淮域，剛毅而多武。如吳季札與劉邦，劉裕與蕭衍，顯然是兩種典型之不同人物也。然此亦大較言之如此，如淮安西漢時有枚乘、枚皋父子，三國時有陳琳，以文學名。徐州西漢時有丁寬、田王孫、魯賜、鄧彭祖、嚴彭祖、施讎、翟牧、蔡千秋、聞人通漢、慶普、褚少孫、翼奉、申章昌、龔舍諸人，皆以經學名。在後代，淮安有如閻若璩；徐州，南朝有如劉孝綽，唐代有如劉知幾、劉禹錫，宋代有如陳師道；亦皆博學多采。然言淮、徐人物天才之最高表現，則仍必推其在軍事政治方面者。

故言淮、徐風俗，如伏滔正淮論云：「人多勇悍，習戰爭。」隋書地理志云：「俗多輕剽，士任氣節。」（以上淮安。）又陳師道州學記云：「霸者之餘，以武為俗。」（以上徐州。）據此可想其一般。惟隋書地理志言徐州風俗，謂其「賤商賈，務稼穡，尊儒慕學，得洙泗之俗」，則因豐沛乃漢高故里，漢代以為高祖之湯沐邑，其民得世世復除，不豫賦役。又楚元王初封其地，尊儒好學，得所提倡使然也。

至於揚州一府，東漢以前，絕無人物可舉。即東漢亦惟劉瑜一人，已在桓、靈晚世。孫吳、東晉以下，人物始漸盛。至宋代，乃始人文蔚起。過江以南，鎮江、江寧，人物興起亦遲，亦至東漢，始見於史册。而蘇州、常州，人物興起轉較早，在西漢時已多著名史册者。此緣蘇、常一帶，乃春秋時代之吳國，人文培植於封建；至於揚州、鎮江、江寧，在古無封國，故亦無人文可言也。

常州人物之盛，特在齊、梁之世，蕭氏蟬翼鼎貴，人才輩出。蘇州尚不能與媲盛。下逮唐世，蘇、常人物始漸抗衡。綜觀江蘇一省人物，有一事殊堪注意者。即在隋、唐以前，江北淮域，徐州人物特盛。孫吳以下，江南蘇、常人物繼起，而惟隋、唐盛世，江蘇人物獨見中落，若成蜂腰之勢。惟鎮江、常州、蘇州三府，差有可觀而已。

且不僅在數量上，唐代江蘇人物有中落之現象，即就品質言，亦復如是。前之如南北朝，後之如宋明，蘇、常一帶人物，不少占有第一流地位者。獨在唐代，則極少第一流人物之出現。如陸德明、張旭之類，最其佼佼者矣。

若求對此一現象試加以說明，則亦惟有姑為推測。大致春秋以來，江蘇人才培植於封建者，惟有江南蘇、常一帶之吳國。西漢徐州人才，則由漢祖崛起。東漢以下蘇、常人才又盛，則由三國之孫吳割據，南朝之宋、齊、梁篡弒，殆由於政治背景之影響。隋、唐皆由北人統一，江蘇乃勝國，於政治背景，特為不利。當時大門第，皆遷轉北方。蘇州惟陸氏，常州惟蕭氏，尚有南北朝門第餘蔭。然皆不能與北方大門第相比並。特以鎮江、常州、蘇州，乃運河所經。唐代惟此三府人才較盛，殆由經濟影響使然也。自宋以下，江南人才特盛，則因吳越建國，大興太湖水利，江、浙兩省濱湖之區，特見繁盛。元、明以下，財富愈旺，人才亦愈出，則皆係受經濟影響也。大抵中國歷史，在先以封建與門第之勢力為大，在後而社會與經濟之影響始著。而唐代為其轉捩點。江蘇一省，人物展衍，獨於唐代有中落之勢，正可援此為解釋。

江寧乃江蘇省之首府，「鍾山龍蟠，石頭虎踞」（王導語）；所謂「東南形勢，莫重建康」（張浚語）。昔人謂「建業自六代為都邑，民物浩繁，人才輩出，實士林之淵藪」（湯演語）；又謂其「風流文物，冠映古今」（汪藻語）。其實江寧一府之人才，從數量言，在江蘇位列第七，南不如蘇、常，北不如淮、揚，自宋以前，頗為蕭條。明代江寧為南京，人才始盛，然亦不如松江。然則政治軍事上之重要地區，未必同時即是文化學術之重要地區。人文所薈萃，未必即是人文所醞茁。此如長安，如洛陽，如北平，皆是；不獨金陵一地為然也。

最足以代表上文所述人物中落，所謂蜂腰之勢者，則莫如松江一府。南宋魏了翁學記謂：「顧、陸之裔，居於華亭者最著。故士奮於學，民興於仁。」元趙孟頫亦謂其「儒宦翼翼，不異鄒魯」。蓋華亭乃顧雍游宦之鄉，亦陸遜誕生之地。惟松江一府人物，自東晉後即寂寂無聞，直至宋代，始再有傳人，然亦寥寥，並無著者，明、清兩代，乃蔚為極盛，比肩蘇、常。自遜、抗、機、雲一門鼎盛之後，緜歷千禩，嗣響暗沉，斯亦奇也。

徐、淮之毗鄰有海州，正猶蘇、常之接壤有松江。其人物產生，亦顯有蜂腰之勢。在漢末、南朝，尚微有傳人，而唐代絕無嗣響。宋、明始復再見。至太倉與通州，則自古絕無聞者；有之皆自宋、明始。海門則更為新闢，自清始建置，其地乃更無古蹟可考，不論人物也。

浙江人物略說

浙江人物展衍，與江蘇有甚相類似之點：地域甚小，而人物鼎盛，一也。自宋以後，突見超勝。二也。漢、魏、南北朝，尚頗可觀，而於隋、唐獨有中落之勢，成蜂腰之象，三也。

浙江文物之起，尤晚於江蘇。紹興春秋時為越國，其人物除句踐越君一系以外，如范蠡、文種，越臣之著者，則皆非越人也。故浙江人物名字可數，大體起於漢。西漢著者如嚴忌、嚴助父子，屬嘉興府；鄭吉，屬紹興府；東漢嚴光、王充、鄭宏、朱儁，屬紹興府；如此而已。則浙省漢前人物，亦可謂僅限於紹興一府耳。自孫吳建國，浙江人物始見煥炳。按：後漢書張霸傳：「霸為會稽郡太守。郡中爭厲志節，習經者以千數，道路但聞誦聲。」則文風於時已盛，孫吳之人才蔚起，在晚漢已啟其機矣。及於東晉南渡，會稽、山陰，更結奇采。所謂「千巖競秀，萬壑爭流」（晉書顧愷之傳），「帶山傍海，膏腴重地」（宋史地理志），「畝直一金」（宋書孔季恭傳），「中原衣冠之盛咸萃，為六州文物之藪。高士文人，雲合景從」（司馬相郡志）者也。然亦僅是紹興一府成此獨秀。杭州、湖州稍已不如，嘉興則寂寂無人。故可謂隋、唐以前浙省人物，亦僅盛於紹興一府也。

下至隋、唐兩代，以江蘇、浙江相較，人物數量大致相似，皆有中落之勢。若論其品質高優，浙或視蘇差勝，然亦不得謂之有盛況。必待兩宋，浙省人物就數量言，始最為各地之冠。此蓋首由於五代吳越建國，大修太湖水利。次則宋室南渡，臨安為首善之區，全省人物，皆因此而激起。至此後明、清兩代，浙江人物亦僅次於江蘇，其契機皆可謂遠由五代時吳越啟之，而南宋偏安，有以醞成之也。

若就浙省地理分區而觀，則紹興一府人物最盛；杭州次之；寧波、湖州、金華、嘉興、台州又次之；溫、嚴、衢、處最次。若分浙東、浙西兩兩比論，則浙西之有杭州，略當浙東之紹興，湖州略當寧波，嘉興略當金華與台州，嚴州略當溫、衢、處三州也。

惟據統計表所示，杭州、湖州兩府，明、清兩代人物之盛，約略相等。而紹興、寧波兩府，則清代人物，已遠不如明代之盛。則近代浙省人物，似可謂明代盛於浙東，而清代乃轉盛於浙西也。

至言金華，宋代浙省人物，實以此府為最盛。雖紹興、杭州，猶皆不如。至元代人物，亦以此府最為翹楚。而明代已嫌遜色，清代更見消沉。若再細為分別，則金華人物，實驟盛於宋之南渡，故洪遵東陽志謂「宋中興以後，名卿踵接，風聲氣習，一變醇厚」也。元代特承其餘波之未沫耳。此可謂受宋室南渡影響之最顯著者。

人物特盛於宋代，金華以外，厥為溫州。溫州於古少傳人，有之自宋始。然其盛亦在南宋。而明、清兩代，遽見衰微，頗與金華相似。

其次如衢縣。其人物亦以有宋一代為特盛，而實特盛於南渡之後。其後元、明、清三代，即頹勢難掩。

又其次如處州。此府人物，宋、明兩代約略相等，以南宋與北宋較亦約略相等，差不與上舉金華、溫、衢相似。

就浙東七府言，紹興、寧波之外，其明代人物之盛，尚能勝過宋代者，尚有台州一府。陳公輔台州風俗記：「台介東南之陬，里無貴游，百姓習樵獵，不識官府。」可見當北宋晚葉，台州人文，尚是曙光初啟；其盛亦在南宋。宋濂集云：「自朱子紹伊洛之正緒，傳道受業者，台為特盛。」方孝孺集云：「士秀而文，重道德，尚名節，言行本乎禮義，閭巷弦誦之聲相接。」明代人物，較宋尤盛，此為浙東近海偏北三府，紹興、寧波、台州所共有之現象，而為金、衢、溫、處所不同也。

人物之盛，遲至於明代而始然者，在浙西有嘉興，此乃為浙省一僅有之現象。

又嚴州府，唐時人物已比較可觀。就數量言，乃僅次於紹興，湖州、杭州皆轉為其後，此亦一特殊現象也。

河南人物略說

就統計表觀之，河南人物數量，在中國全史進程中，乃為全國各省之冠。河南向稱為中原區域，而其人物展衍，顯然是前盛於後。隋、唐以下，遠不如隋、唐以前，而其尤盛則在兩漢。

實則秦、漢以前，春秋、戰國時代，河南非無人物，抑或人物之盛，較同時他處當更勝。若再推而上，中國古代人物之產生與活動在此中原區域者，其數量與關係，其影響於中國歷史者，當更重大。惟此表所計人物，皆從漢起。若果詳細計入漢代以前，則河南人物之盛，實更當遠超其他各省也。

就兩漢言，河南人物，最盛在南陽，開封次之，汝寧次之，陳州又次之，許州又次之，懷慶、歸德更次之，河南更次之。蓋兩漢河南人物，實以淮河流域東西橫歷桐柏山脈以北一帶之區域為最盛。自淮河上游，漸次東迤，下及汴、淮之交。而大河兩岸河南、懷慶，隔水對峙，古所謂三川之區者，其人物之盛，轉遠見落後也。

此桐柏山脈以北，淮水流域一帶，自周初言之，其上游南陽，即所謂周南、召南二南之區域也。東迤至於陳，於古為太皞氏之墟。其地廣平，無名山大川。西周之初，舜之冑有虞閼父，為周陶正，武王以元女妻其子，而封之於此，與黃帝、堯後，共為「三恪」。周姬婦人尊貴，好樂巫覡歌舞之事。其民化之，十五國風中有陳風。其實此一區域，西自南陽，東迄於陳，在古皆愛戶外生活，皆多男女夫婦之詩，皆重巫覡歌舞，並皆為古代舜之故事所流傳，其風皆近楚。此後楚辭興起，上由漢北，下遷陳楚，正皆在此一線之南，而相毗接。則河南此一帶之風土文物，在遠代春秋以前，實頗有可觀也。

南陽人物，所以尤盛於漢代者，蓋以在東漢為特盛。此因光武起於南陽，猶高祖之起豐沛，故淮、徐人物，亦在前漢為尤盛也。自三國及於兩晉，下迄齊、梁，南陽人物，尚未大衰。而自陳、隋迄於唐，此一區域，即見低落。兩宋更微，明清亦不再盛。故南陽人物，乃盛於古代，至兩漢為最高峯，漸竭於齊、梁，此後即不再振。陳、隋以下，更無佳況。此其展衍之大致也。

陳州與南陽大似，人物之全盛期，乃在東漢、魏、晉之世。南朝自宋迄梁，尚有嗣響。陳、隋以下，即見消沉。唐、宋皆不振，明、清亦無轉機。純粹成一前盛後衰之局。

介乎南陽與陳州之間者有汝寧，此古所謂汝南蔡州，其人物全盛期，亦在兩漢、魏、晉；南北朝、唐、宋，皆見衰微。惟明代稍有起色，而入清仍不振。

又有許州，其人物亦以兩漢、魏、晉為盛；南北朝以下，即見衰落，迄於近世。是殆此一區域之一種共同趨勢也。

開封一府，在河南各區中，人物最盛。蓋不僅在兩漢、魏、晉時為然，即此下唐、宋、明、清四代，開封人物亦不見衰落，而尤以北宋一代為開封人物之鼎盛時期。殆以汴京為當時首都，故影響於人文之蔚起也。

唐杜佑通典謂：「開封地居土中，物受正氣。其人性和而才慧，其地產厚而類繁。」而劉禹錫之汴州廳壁記則謂：「汴地為四戰，其俗右武；人具五都，其氣習豪。」至太平寰宇記又謂：「梁、魏之墟，人多俊髦，好儒雅，雜以游豫，有魏公子之風。難動以非，易感以義。」此雖所描述各不同，要之亦可藉以見中州人物之性氣面貌之大致矣。

自開封西上為河南府，其人物之盛，居河南全省之第四位。首開封，次南陽，又次陳州，乃及河南，此四府，就數量言，已占河南全省歷史人物之過半以上。

河南府乃洛陽所在，所謂「洛邑，天下之中」，周、漢、隋、唐，皆於是乎建都邑。其人才產生之特徵，厥為列代皆在一平均之水準上。在兩漢、在隋唐，在宋，在明清，歷此四時期，河南一府人物，就數量言，似無特盛特衰之象。而人物之盛，實在唐、宋。蓋尤駕兩漢而上之。唐代如長孫無忌、張說之在政治，杜甫、元稹、韋應物之在文學；其他如劉知幾、元德秀、元結之儔，皆甚卓著。宋代則呂蒙正、富弼、邵雍、程顥、程頤，皆洛人也。自明以後，殆難繼芳矣。故大體論之，仍是後不如前。明、清兩代，顯見頹勢矣。

次於河南者為歸德。歸德東與江蘇徐州接壤。其人物展衍，乃亦與江、浙人物有同一相似之趨勢：即於隋、唐中葉，特見衰落之象是也。又此府在戰國時，為莊周、老耼之故鄉，道家思想，發源於此。文采議論，與鄒魯孔孟相抗衡，此亦大可注意也。

人物之盛次於歸德者為懷慶。此乃古之河內，為河內省大河以北諸府中之人物最盛者。此乃晉司馬氏之故鄉。又其前，春秋時，地屬晉之南陽，如趙盾、韓厥之儔，皆傑出一時，人物之盛，蓋所從來遠矣。兩漢尤鼎盛；三國、魏、晉，更見鬱茂；下至唐代，亦人物蔚起。如韓愈、李商隱之文學，裴休之經濟，婁師德之政事，皆唐代有數之人物也。下迄宋代，便嫌遜色；而明、清兩代，則數量上、品質上，更見為後不如前矣。

大河北岸，懷慶外當推衛輝。其地在西周以前，乃古沬邑，武乙、商紂所都。春秋時為衛國，人文之盛，遠在豐鎬之上，歷春秋、戰國而不衰。惟本統計表則始自兩漢，故就河南言，如淮、漢流域之南陽，與此河、淇流域之衛輝，其在中國古史上之人物盛況，乃掩闇未彰也。惟此區人物，自兩漢以下言之，則頗不能與前相擬耳。

衛輝之北為彰德。此乃安陽殷墟，洹漳所流，三國時魏建鄴都，左思魏都賦所謂「旁極齊秦，結湊冀道。開胸殷衛，跨躡燕趙。山林幽峡，川澤迴繚」。隋書地理志謂其「士女奢麗，習得京洛之風」者也。然地勢衝要，都邑繁華，而人物則不甚豐秀。據表所示，歷代趨勢，在兩漢、南北朝，尚頗蕭條，唐、宋、明較盛，而清代又見衰落。

除上述諸府與許州一州外，尚有光州、陝州、汝州三區，其人物數字，皆居後乘。惟汝州在後漢，陝州在唐代，其人物地位則頗有重要者。

《錢穆先生全集》總書目

甲編

國學概論
四書釋義
論語文解
論語新解
孔子與論語
孔子傳
先秦諸子繫年
墨子　惠施公孫龍
莊子纂箋
莊老通辨
兩漢經學今古文平議
宋明理學概述
宋代理學三書隨劄
陽明學述要
朱子新學案（全五册）
中國近三百年學術史（一、二）
中國學術思想史論叢（全十册）
中國思想史
中國思想通俗講話
學籥
中國學術通義
現代中國學術論衡

乙編

周公
秦漢史
國史大綱（上、下）
中國文化史導論

中國歷史精神
國史新論
中國歷代政治得失
中國歷史研究法
中國史學發微
讀史隨劄
中國史學名著
史記地名考（上、下）
古史地理論叢

丙編

文化學大義
民族與文化
中華文化十二講
中國文化精神
湖上閒思錄
人生十論
政學私言
從中國歷史來看中國民族性及中國文化
文化與教育
歷史與文化論叢
世界局勢與中國文化
中國文化叢談
中國文學論叢
理學六家詩鈔
靈魂與心
雙溪獨語
晚學盲言（上、下）
新亞遺鐸
八十憶雙親師友雜憶合刊
講堂遺錄（一、二）
素書樓餘瀋
總目